U0459275

热烈的孤独

大宋词人的明月与江湖

周凌峰 著

湖南人民出版社 · 长沙

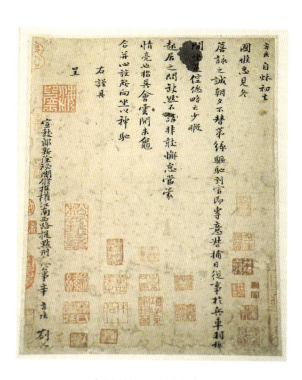

《去国帖》，辛弃疾书。

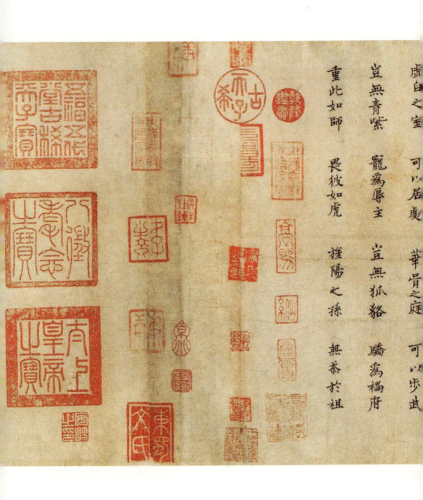

虚白之室　可以居處　華骨之庭　可以步武

豈無青紫　寵為辱主　豈無狐貉　驕為禍府

重此如師　畏彼如虎　瞻陽之孫　無忝於祖

《道服贊》，范仲淹书。

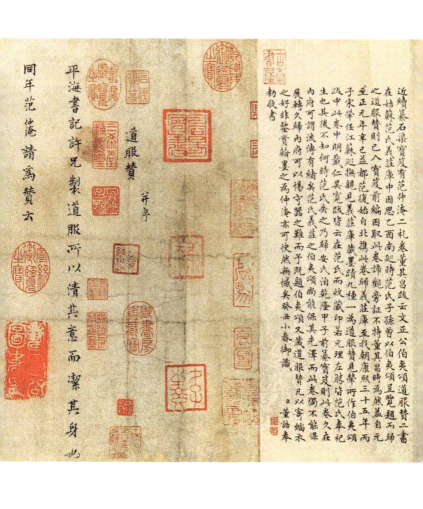

近續慕石渠寶笈有范仲淹二札董其昌跋云文正公伯夷頌道服贊二書在姑蘇范氏義莊庫中國思乙酉南㴻時范氏子孫曾以伯夷頌呈覽題而歸之道服贊則已入寶笈前編因取以入攜卷諦審益自元至正元年辛巳益都范氏始自北攜㴻㴻師義莊庫黃墨篔九種一爲道服贊見義莊庫本記子宋舉任江蘇廷都觀見義莊庫本記種一爲道服贊見勝諮伯夷頌之宋寬跋云在范氏而收藏者甲子歟乾隆印若元理在勝諮伯夷頌之也其後不知何時戴仁吳寬跋皆云歸安氏潤乾隆則此卷久之乃歸安氏潤乾隆則此卷久生也其後不知何時戴仁吳寬跋皆云歸安氏潤乾隆則此卷久內府可謂流傳有緒矣范氏義莊之伯夷頌尚能保其先澤而此卷獨不能保展轉久歸內府可以揚守敬之難而吾貺題伯夷頌又藏道服贊之好非鑑賞翰墨之爲仲海亦可快然無愧矣癸丑小春御識□仲海亦可快然無愧矣癸丑小春御識□董浩奉

□敕敬書

平海書記許兄製道服所以清其意而潔其身也

道服贊 并序

同年范俺請寫贊云

《十咏图》，张先绘。

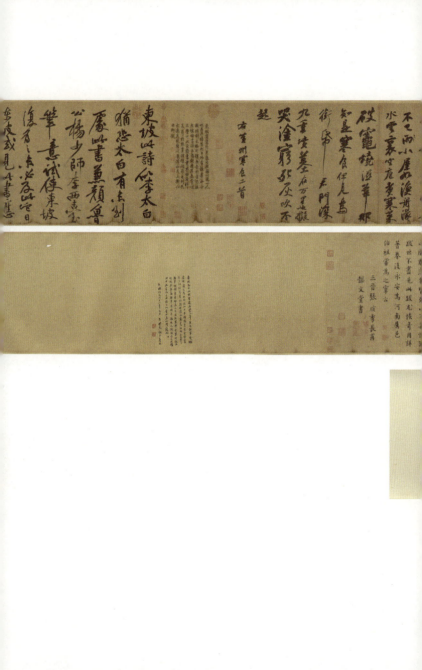

不已雨小屋如漁湖漲
水雲裹空庖煮寒菜
破灶燒濕葦那
知是寒食但見烏
銜紙　君門深
九重墳墓在萬里也擬
哭塗窮死灰吹不
起
右黃州寒食二首

東坡此詩似李太白
猶恐太白有未到
處此書兼顏魯
公楊少師李西臺
筆意試使東坡
復為之未必及此它
日東坡或見此書應
笑我於無佛處稱尊也

跋世不書皃此跋犹恐眉陽間詳
著卷後永安為河南属邑
伯祖嘗為之宰云
三晉張縯季長甫
跋文堂書

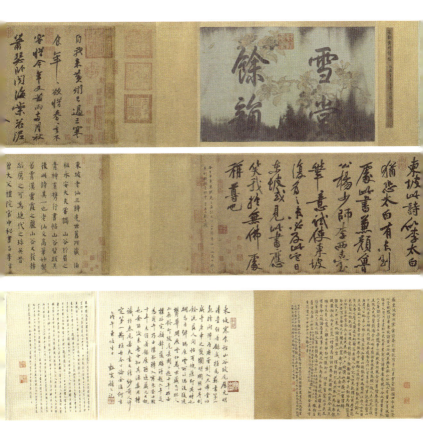

《寒食帖》，苏轼撰诗并书。

依山築閣見平
川夜闌箕斗插
屋椽我來名之
意適然老松魁
梧數百年斧
斤所赦今參天
風鳴媧皇五十
弦洗耳不須
菩薩泉嘉
三二子甚好賢
力貪買酒醉
此筵夜雨鳴廊
到曉懸相看
不歸卧僧氊
枯石燥渡潺湲
山川光暉寫我
妍野僧卑旱

當平當人大好吟詩素聽傲松
風畫夜敲
泉聚傳誦字七中事大夫題
仕鄭羅欽題

東波惡這門松及多□□□快
清敷别來滄有於此二段
聲於逭人山市瓜鳴松
醉松者底郎王治三年春歸
音三鄱陽國史長美喬
皇蘇大夫公敢私干籍
本
泰賣

開上風來松有聲高人實次瀟
然清當相詩筆今猶石操卷重
着眼悟明
中喜平章政事張珪敬題

曾問狂小子發老粹
論量陰實灤擇吾
千方說蘇黄
集賢大學士王約譔題

大都門下士真不愧浯
兩淛士長松關係相敬
入鳳郡集陵待市馮之崘
本

山谷豁南之濱諸文字畫元為綠
脈蓋造父之所珍管
翰林園史張楠敬題

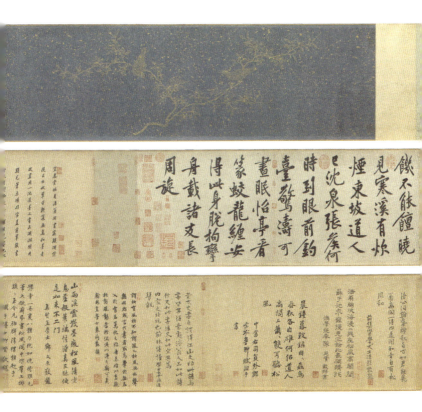

《松风阁诗帖》，黄庭坚的行楷代表作。

《文会图》，赵佶及宫廷画家共同创作。

吟徵調商竈下桐
松間疑有入松風
仰窺低審含情客
以聽無絃一弄中
臣京謹題

聽琴圖

《听琴图》，赵佶绘。

《念奴娇·赤壁怀古》，苏轼词，黄庭坚草书。

目 录

○ 引 子　一个人承担所有　001

○ 林　逋　清贫不等于躺平　019

○ 柳　永　人生不止晓风残月　035

○ 范仲淹　莫道豪杰不相思　051

○ 张　先　柔情直到八十八　067

○ 晏　殊　最得意盛世繁华　081

○ 宋　祁　一句话写尽春天　097

○ 欧阳修　翰林风月三千首　111

○ 王安石　吏部文章二百年　127

○ **苏 轼** 人人都爱苏东坡 141

○ **晏几道** 孤独是一种境界 157

○ **黄庭坚** 禅意常随诗意来 173

○ **秦 观** 金风玉露 人间无数 189

○ **贺 铸** 钟情处总有风雨 205

○ **周邦彦** 好一个惨绿少年 221

○ **赵 佶** 只可惜无限江山 237

○ **李清照** 怎敌他晚来风急 253

○ **辛弃疾** 赢得生前身后名 269

引子

一个人
承担所有

> 在经历亡国之后，
> 李煜可谓是一个人
> 承担下了家国的所有愁绪，
> 由此锤炼出一代之绝响。

一

五代十国那会儿，天下乱糟糟的，君主多得像一份不太稳定的职业，几十位皇帝走马灯似的换来换去，其中大多数人，注定无法留下浓墨重彩的一笔。

但人们记住了李煜，南唐最后一位君主，史书上的称谓是"江南国主"。

这个看上去文艺气息十足的名号，其实别有深意。

五代时期，南唐雄踞人人艳羡的江南福地，拥有海内首屈一指的大都市扬州，经贸发达，又盛产粮食、丝绸、茶、盐之类的硬通货，兵精粮足，足以和中原王朝一较高下。

南唐王室儒雅风流，先主李昇和中主李璟都擅长诗文，他们的李唐王室血统可能出自虚构，但对文化的热衷，确实不逊色于任何一位唐代皇帝。

中主李璟就是词中高手，他留下来的词作不多，"细雨梦回鸡塞远，小楼吹彻玉笙寒"，足够经典。

南唐君臣素养非凡，聊起天来自带境界，以"风乍起，吹皱一池春水"著称的词人冯延巳官至宰相，李璟还跟他开玩笑：

"'吹皱一池春水'，干卿何事？"

冯延巳也笑着回答："哪能和陛下的'小楼吹彻玉笙寒'相比。"

一问一答，戏而不谑。

后主李煜成长于这样的氛围里，能把诗词信手拈来，半点不奇怪。他早年的词很传统，带着不可名状的惆怅：

"云鬓乱，晚妆残，带恨眉儿远岫攒。斜托香腮春笋嫩，为谁和泪倚阑干。"

淡淡愁，溶溶恨，像极了青春。

二

可这毕竟是刀光剑影的五代。

周世宗柴荣崛起中原之后，连续三年亲征南唐，不仅拿下淮河沿岸的诸多重镇，还攻占了南唐的东都扬州，饮马长江。李璟被迫取消皇帝称号，向后周俯首称臣，以换取喘息的机会。

战事直接影响到了南唐内部的权力分配，李璟原定的继承人是弟弟李景遂，在对后周的战事中，李璟的长子李弘冀军功在握、威望大增，皇太弟李景遂很知趣，干脆辞去东宫之位，让贤给侄子。

不承想，年轻的李弘冀不仅打仗厉害，对自家人同样心狠手辣，他入主东宫不久，为了稳固地位，竟然派人毒杀了叔叔李景遂。

面对如此狠毒的长兄，二十出头的李煜不寒而栗，他韬光养晦，寄情禅理，自号"钟山隐士""莲峰居士"，写起了"山舍初成病乍轻，杖藜巾褐称闲情"这类缺盐少油的寡淡诗歌，只差没把"人畜无害"四个字贴在额头上了。

南唐国储之争因意外展开，同样以意外收尾。959年，周世宗柴荣英年早逝，南唐遭遇的重大威胁暂时解除。接着，南唐太子李弘冀突然病逝，前一刻还在兄长阴影下瑟瑟发抖的李煜，转眼间成了南唐的第一顺位继承人。

机会有时候也会留给没做准备的人。李弘冀死后，李煜进入东宫参与国政，算是实习期的太子。

加速将李煜推上工作岗位的，是千里之外的一场变故。960年正月，后周大将赵匡胤在陈桥驿上演黄袍加身的把戏，建立宋王朝。驻守扬州的后周大将李重进公然抗拒新朝，经验丰富的赵匡胤迅速亲征扬州，顺便耀武扬威，李璟赶紧安排人渡江犒劳宋军，还匆忙将国都迁往南昌，以避赵宋锋芒。

迁都之前，李璟正式立李煜为太子，命其以监国身份留守金陵，自己带着文武百官仓皇远去。不知道李煜看着父亲的背影作何感想，他大概不会想到，父亲这一去就再也没能回来，接下来的岁月里，他将独自一人，面对变幻无常的命运。

三

961年夏天，李璟驾崩，李煜即位。这一年李煜二十多岁，放在后世，正属于职场新人的年纪。算下来，李煜只在监国岗位上见习过几个月，加上此前在东宫的两年，可能堪堪熟悉了军国事务。

现实条件摆在这里，李煜身为一国之君，腾挪辗转的空间有限。在咄咄逼人的宋朝面前，李煜展示出了柔软的身段，除了称臣纳贡、奉赵宋正朔之外，每逢宋使来访，他都让人拆去宫殿屋脊上象征皇权的鸱吻，自己也脱下明黄色龙袍，换上大臣穿的紫袍接待使者。这些小心翼翼的细节，旨在不被赵匡胤抓到小辫子。

处理政务同样不是李煜的强项，他即位之后，可圈可点的地方不多，仅仅是撤销了各地的屯田使，让耕种的佃户们松了口气。经历几年战事，南唐国库枯竭，江南铜产量有限，李煜给出的应对方案是推行铁钱，渐渐突破了货币流通的瓶颈。

这位年轻国主偶尔也有不成熟的举动。一年冬天，他打完猎，兴冲冲跑到大理寺审案子，从宽放走了不少囚犯。大臣韩熙载上疏说，皇帝不应该随意干预司法，得从你私人金库里拿出三百万钱来当罚款，李煜不仅不生气，还表扬韩熙载批评得对。

一个人的行为喜好自有其习惯。李煜在政务方面能力平平，武功更是谈不上，只擅长文教，南唐年年开科取士，文才之士如韩熙载、殷崇义、徐铉、徐锴等俱登高位。如果将目光转到诗书礼乐，南唐比同时期的宋朝高了不止一个档次，君臣可以一齐上阵唱和诗篇，李煜给弟弟送行时这样写道：

"况彼敬亭溪山，畅乎遐览，正此时也。"

李白诗中"相看两不厌，只有敬亭山"的眼就悄悄埋在这篇文字里，如此轻松真切、辞意俱佳的话，放在魏晋六朝的美文中也不遑多让。

四

艺术这东西，适当投入是必要的，有时候还得浪费一点，不然很难出效果。李煜"洞晓音律，精别雅郑"，身为君主，他拥有世间一流的专业演出团队教坊司，皇后周氏同样喜好音乐，夫妻合伙将失传的《霓裳羽衣曲》复原了出来，还别出心裁，将慢腾腾的原作，改成了快节奏的新曲子。

南唐宫廷是名副其实的艺术中心，李煜这一时期的词作，字字写珠玑，所描绘的都是常人想象中珠玉一般完美的世界：

"晚妆初了明肌雪，春殿嫔娥鱼贯列。笙箫吹断水云间，重按霓裳歌遍彻。　　临风谁更飘香屑，醉拍阑干情味切。归时休放烛花红，待踏马蹄清夜月。"

宫中的夜生活往往从白天持续到凌晨时分，春殿、笙箫、舞乐、锦绣、金珠、香花、醇酒、美人，穷奢极欲，艺术高于生活，但不太可能高于李煜的生活。

唯一不完美的事情便是生老病死。周后为李煜生了两个儿子，孰料一只猫碰翻了佛像前的大琉璃灯，琉璃灯砰然碎裂，将年幼的次子李仲宣惊吓致死。周后感伤幼子，同样一病不起，继而香消玉殒，李煜"未销心里恨，又失掌中身"，这是贵为帝王也无力挽回的事。

还有一种说法，周后得知李煜看上了自己的亲妹妹，因而一病不起，这个故事的真假已经无法确定，但李煜有一首《菩萨蛮》，极有可能写于这一时期，个中滋味纤毫毕现：

"花明月暗笼轻雾，今朝好向郎边去。划袜步香阶，手提金缕鞋。画堂南畔见，一向偎人颤。奴为出来难，教君恣意怜。"

几年之后，李煜一改选妃入宫的惯常做法，公开迎娶小周后。皇帝娶亲，古今罕见，婚礼轰动了整个金陵城，甚至有人挤上屋顶观看，坠瓦而死。

这样不太合乎规矩的热闹只属于李煜，只属于南唐。

五

宋朝和南唐之间的和平注定不能长久。赵匡胤登基后的十余年里，循序渐进，先灭荆南，再进军武平，然后平后蜀，直至攻下南汉。

现在，宋朝完成了对南唐的半包围，算上东边水火不容的吴越国，南唐四面皆敌。

面对宋朝的咄咄逼人，李煜一再"杀礼"，连"唐"这个国号也不要了，改称江南国主，宫殿上的鸱吻也被永久拆除，还接连派出使者给宋朝上贡大批真金白银，乃至给宋朝大臣们行贿，目的只有一个：拖延宋朝攻打江南的进程。

江南原是风景绝美的宜人之地，如今"江南"这个字眼，意味着隐忍和屈辱。

眼看赵宋蚕食周围的割据政权，李煜表面服从，实际上也在整军练武，修葺城池，完善战备。赵匡胤平定了大半个天下，却迟迟不对江南下手，足以说明这块骨头不太好啃。

谁也不曾料到，一个不起眼的人物拉开了宋朝攻打江南的序幕。

江南士子樊若水多次应试不中，愤愤不平，他深知江南的防御优势就是长江天险，如果在长江上架一座浮桥，天险便不具威胁。于是，樊若水假装钓鱼，往来江南江北之间，测量江面宽度，掌握了架设浮桥的第一手数据，然后拿着这些数据投奔了宋朝。

这个极具想象力的方案，最终在974年付诸实施，开战之前，宋朝恩威并施，试图说服李煜投降，但李煜慨然拒绝，他很直白地答复说："我之所以步步忍让，就是为了保全国家，假如连这都做不到，那我只有死而已。"

失去耐心的赵匡胤下令分三路进攻江南。面对强敌，江南军队并没有想象中的一触即溃，他们奋起抵抗，甚至还渡过长江反击，即便成功架起采石矶浮桥，宋军也花了两个月时间才推进到金陵城下。

六

分析一下那些明显失之偏颇的史料，不难发现，当国十四年之久的李煜，在兵临城下之际表现其实很稳，他亲自巡城，处死作战不力的主将，还抽空举行了当年的科举考试。宋军攻城半年多，双方仍在反复拉锯，急得赵匡胤一度计划撤军扬州，金陵城抵抗之顽强可见一斑。

作为词人的李煜，在绝境中仍是沉静从容的，只是从容之中多了几许迷茫：

"樱桃落尽春归去，蝶翻金粉双飞。子规啼月小楼西，玉钩罗幕，惆怅暮烟垂。　　别巷寂寥人散后，望残烟草低迷。炉香闲袅凤凰儿，空持罗带，回首恨依依。"

双方相持到这年十月底，江南大将朱令赟率大军从湖口出发，前往解金陵之围，因为长江冬季水位浅，船队行驶缓慢，援军半道上让宋军杀得大败。至此，李煜最后的希望也破灭了，金陵彻底沦为孤城。

赵匡胤露出了本来面目，他对祈求缓兵的江南使臣说道："江南亦有何罪，但天下一家，卧榻之侧，岂容他人鼾睡乎！"

真是不讲道理。

没有援军，粮食涨到上万钱一斗，战士死伤枕藉，苦战到十一月底，金陵兵尽粮绝，最终被宋兵攻破。李煜被迫按古老的礼节投降，他在宫城门口肉袒请罪，将降表交给了宋军大将曹彬，南唐就此终结。

从形式上来说，江南早已向宋称臣，是属国而非敌国。赵匡胤特意下旨，江南原来的文武官吏照旧任职，还放出减免赋税的大招收买人心，如此一来，除了那些以身殉国的江南文武官员和士卒，亡国似乎成了李煜一个人的事。

词牌《破阵子》源自唐代所制秦王破阵乐之曲，原是歌颂唐太宗武功之作，李煜必定在宫中欣赏过多次，只不过这一次，李煜是被破阵的对象，他写的《破阵子·四十年来家国》，真实得淋漓尽致：

四十年来家国，
三千里地山河。
凤阁龙楼连霄汉，
玉树琼枝作烟梦，
几曾识干戈？
一旦归为臣虏，
沈腰潘鬓消磨。
最是仓皇辞庙日，
教坊犹奏别离歌，
垂泪对宫娥。

原是用于花间柳下消遣的词，第一次和现实直接挂钩，染上了彼黍离离的悲壮之气，家国之哀，至此极矣。这是李煜的悲剧，却是词走出消遣身份，升华至"一代有一代之文学"的第一步。

七

次年正月初四这天，李煜作为俘虏，见到了年长十岁的赵匡胤。考虑到江南曾经奉宋朝正朔，献俘仪式上连报捷的露布都没有展示，赵匡胤下诏宽赦李煜君臣，赏赐物品，好像这场仗从来没有打过一样。

几天之后，李煜的官爵下来，官授右千牛卫上将军，爵位却是极具羞辱意味的"违命侯"。这自然是赵匡胤记恨江南的激烈抵抗，故意给李煜难堪。

可以想见李煜在东京的日子有多难熬，他的"右千牛卫上将军"属于环卫官，没有职司，地位远不如普通官员，每月俸禄只有六十贯左右。当初投降时，曹彬曾好心劝李煜多收拾些财物，但李煜悲愤之余，根本没心思顾及这些，几乎没带什么家当到东京。他本非居家过日子的人，家口众多，时不时还有老部属来打打秋风，连洗脸的银盆都被要了去，因此过得很凄楚。

身份地位悬隔云泥，羞辱日日摆在面前，现实生活困窘绝望，李煜悲愤之余，词作格调陡变，不复早年的璀璨玲珑，也没有了意气风发，取而代之的是刻骨之恨、附骨之愁，我们猜想他到东京第一年是极难过的，因而写出了这首《浪淘沙令·帘外雨潺潺》：

帘外雨潺潺，
春意阑珊，
罗衾不耐五更寒。
梦里不知身是客，
一晌贪欢。

独自莫凭栏，
无限江山，
别时容易见时难。
流水落花春去也，
天上人间。

到了秋天，剧恨转愁，滋味或许淡了一些：

"无言独上西楼，月如钩。寂寞梧桐深院锁清秋。　　剪不断，理还乱，是离愁。别是一般滋味在心头。"

借香草美人作喻，是《离骚》以来的老传统，李煜词中仍是如此。只不过，他名为朝官，实同囚徒，词中所谓"寂寞梧桐深院锁清秋"，不是无病呻吟，而是实实在在被锁着出不了门，他连换个秘书都要报请旁人批准，更不用提散心远游，后来被人用滥的"凭栏""小楼""深院"，既是李煜的心牢，也是真实的桎梏。

就在李煜到东京的这年十月，宋太祖赵匡胤突然驾崩，继位的宋太宗赵炅大约也觉得"违命侯"太过荒唐，改封李煜为陇西郡公。此后李煜的光景稍有好转，他曾向赵炅诉苦说太穷，赵炅特赐三百万钱，还在俸禄之外再加一笔补贴，大约稍稍能缓解一些窘况。

赵炅还召李煜入宫观看南唐旧籍，问他还读书否，面对这样故作亲切的难堪，李煜的反应是"顿首谢"，然后喝酒喝到酩酊大醉。也许这件事直接刺激到了李煜，让他留下了那首著名的《虞美人·春花秋月何时了》：

春花秋月何时了，
往事知多少？
小楼昨夜又东风，
故国不堪回首月明中！
雕栏玉砌应犹在，
只是朱颜改。
问君能有几多愁？
恰似一江春水向东流。

此后再不见李煜留下什么文字，这年七夕，李煜溘然长逝，他生于七夕，又死于七夕，正好四十二岁。也有宋人记载说，李煜死于赵炅所赐的牵机毒药，无论真相如何，李煜之死着实令人同情，他逝世的噩耗传到江南，"父老有巷哭者"，这足以说明他思念的故国，也有人在思念他。

<h1 style="text-align:center">八</h1>

让我们把视线拉远一点，将李煜最后的旅程，看作是一段痛苦却必然会发生的重逢之旅，心情也许会没那么沉重。

跟随李煜一同"归国"的，还有江南宫中两万余卷书籍，远超赵匡胤从后周接过的那点家当。

跟随李煜一同到汴梁的文臣中，有徐铉、殷崇义（入宋后改名汤悦）、张洎、王克贞这些当世一流的学者，我们今天看到的《说文解字》，就是经徐铉校订过的版本，而宋太宗下旨打造的几部大型书籍《文苑英华》《太平广记》《太平御览》等，也都沾了江南旧籍和江南文臣不少的光。

江南风流，尽入赵宋。

江南旧臣还有用武之地，亡国之后的李煜，却背负着所有的苦难，踽踽独行。他的苦闷哀愁，都浇筑在传世或者不传世的那些词里。他让词走出了闺阁和宫闱，成为可以抒写现实胸臆，可以脱离伴奏而在心间回荡千年的艺术。

也许是经大众传播且淘汰后的结果，也许是李煜刻意追求的效果，他最为人知的那几首词，明白如话，简简单单几行字，道尽人间艰难苦楚。

这正是宋词能与唐诗相颉颃的关键，也是"人间词话"的起点。

清贫
不等于躺平

林逋

最接近"躺平"状态的
隐居者林逋，
如何用美学，
打败世俗。

一

四十余岁时，林逋漫游江淮过后，决定
做一名隐士。

在古代，做隐士是一件很讲究的事，不
是谁都做得来的。深山海滨的平民百姓，世
代居住于斯，那只能算山野之民。唯有学问
精深、道德高洁的君子，原本有能力出仕，
却偏偏避开俗世尘嚣，居处林泉岩壑之间，
朝夕与清风明月相对，过着与世无争的生活，
听上去就很高尚的样子，方才有资格称隐士。

隐士有什么不一样？这是个很纠结的问
题。在人们眼中，相比红尘名利客，隐士们

亲近自然、体悟天道，体现的是另外一种价值取向。帝王遇有悬而未决的疑难，也热衷于问道"山中宰相"，因此征召隐士的记录不绝于史。不乏有人借隐居自抬身价，走"终南捷径"，隐而优则仕，由是获得的声望地位，反而高于循序渐进的普通官员。

真隐与假隐间隔一线，林逋能不能经受住历史的考验，尚有待观察。

二

林逋家世代为吴越国人。五代时吴越着力经营浙江一带，国势虽然不如南唐显赫，但也能谨守门户，吸引了不少才学之士。写"时来天地皆同力，运去英雄不自由"的著名诗人罗隐，晚年就成为吴越王的座上宾；诗人皮日休之子皮光业，在吴越国官至宰相。这里可以说是晚唐诗最后的落脚点之一。

吴越效仿唐代的翰林学士院，设置通儒院，专掌国之文书，林逋的祖父林克己"博洽善文章"，在末代吴越王钱俶时期曾任通儒院学士。吴越国在文化上以唐朝为样板，钱俶本人好吟咏诗歌，林克己作为学士大约也长于诗篇，林氏家学就来源于此。

林逋生于967年，正当钱俶统治吴越的最后一段时间，到 978 年，钱俶以藩臣身份入朝宋太宗，被扣留在汴京，不得已纳土归宋。对于这样的结局，很多吴越国人其实是心有不满的，即便宋朝愿意录用有功之人为官，也仍有一些人恪守志节，隐居不仕，林克己或许也是其中一位。

林逋的"逋"字，意为亏欠、逃亡，这可不是个好字眼，他表字"君复"，意思是返还，当然也可以解释为希望君王归来。联想到林逋少年丧父，名字很可能是祖父所赐，其中蕴含的深意自不待言。

988 年，钱俶一夜之间暴卒于京师，此时林逋刚刚成年。人在青少年时受到的影响往往会持续一生，林逋对故国的印象，必定和大多当时的少年人一样，带着一圈光环。

林逋的青壮年时期是个谜。成年之后，他曾客居曹州十年之久，求学、求职或者经商都有可能。其后又游历江淮，他广泛结交官员、士子、僧人，相互唱和诗歌，看得出窘迫之状，也看得出书生本色。

他早年的诗带着明显的晚唐痕迹，格律规规矩矩，对仗严丝合缝，郊寒岛瘦一般炼字，"病叶惊秋色，残蝉怕夕阳"，"树森兼雨黑，草实著霜红"，每一个字都实诚得紧，生怕犯下什么错误似的。这样的诗很难说好或者不好，只能说足够规整，恰如他压力之下大气也不敢喘一口的人生。

出走红尘半生之后，林逋决定归去，他选择了祖父辉煌过的杭州作为隐居之地。

和人们预想的不同，杭州并非"自古繁华"的古老城市，它的兴盛要晚到隋唐时大运河扩建之后。大运河以杭州为南路终点，杭州由此成为沟通浙东、浙西的枢纽，取代了自先秦时期就独霸一方的会稽。

钱塘江既为杭州带来了便利的水运条件，也带来了汹涌的潮水。由于潮水侵蚀，杭州城地下水咸苦，城西的钱塘湖实际上是杭州的淡水水源地，它不只供给满城人饮用水，还有灌溉周遭农田的功用，所以历代有责任心的杭州主官，都将疏浚治湖作为一大功业。

吴越国以杭州为都城，设置上千湖兵，专职疏浚工作，这才有了闻名于世的湖山胜景。

三

林逋选择在杭州孤山结庐隐居。孤山上有永福寺，白居易任杭州刺史时，曾主持募集经费，刻《法华经》于寺中，花了七十余万钱。林逋当然没有这样阔气，他在孤山东岸面湖而居，盖了栋普普通通的房子，围上篱笆，在院子里种些橘树，养了鸡，养了狗，一副家常过日子的样子，这样就很好。

可隐士毕竟是隐士，总要有些不同凡俗的追求，所以林逋还养了白鹤，在水边建了一座茅草亭子。

林逋想了想，觉得还少了些什么，又在园中栽了一棵小梅花树。

这是一棵被写进中国文学史的梅花树。

一个冬天的月夜，林逋偶然看着这棵小梅花树，兴致勃勃地写了两首小诗，其中一首是这样的：

众芳摇落独暄妍，
占尽风情向小园。
疏影横斜水清浅，
暗香浮动月黄昏。
霜禽欲下先偷眼，
粉蝶如知合断魂。
幸有微吟可相狎，
不须檀板共金樽。

这个夜晚想必很冷，湖上吹来凛凛寒风，不远处的永福寺里传来梵呗声和钟声。林逋看着月光下梅枝的疏影，嗅着不太分明的香气，兴奋地搓着手，像孩子似的转来转去，他也许想到了童年，想到了那些开心的过往。

他铺纸磨墨的时候，手必定还在轻轻发抖，因为冷，也因为开心。

"疏影横斜水清浅，暗香浮动月黄昏"，他一个字都没提到梅花，诗中实实在在有的，却就是这棵瘦小、稀疏的梅花树，还有他想象中的热闹，百花、白鹤、粉蝶、檀板、金樽，可那些美好的事物怎么及得上他的梅花树呢？

"疏影横斜水清浅，暗香浮动月黄昏"后来可著名了。苏轼从这里偷师，写出了《记承天寺夜游》中的"庭下如积水空明，水中藻、荇交横，盖竹柏影也"；王安石从这里偷师，写出了"遥知不是雪，为有暗香来"，俱是千古绝唱。

多好的两句诗呀！

四

林逋隐居孤山的消息，很快就让人知道了。

时值宋真宗大中祥符年间，朝廷上下正兴起一股发现隐士、征召隐士的热潮。

原因很简单，大宋与辽签订澶渊之盟后，真宗原本志得意满，却让宰相王钦若当头浇了一盆冷水。王钦若告诉真宗说，《春秋》耻城下之盟，这是屈辱，而不是什么功绩。真宗由此意识到自己圣德有亏，"愀然不乐"。

真宗比林逋还小一岁，这会儿正当壮年，按照正常人的思路，既然打不过辽军，被迫纳岁贡，他完全可以痛定思痛，自强不息，谋求收复燕云十六州，打开一片新天地。

可真宗的操作和常人不一样，他弥补圣德的办法，是耗费巨资东封泰山、西祀后土，还尊传说中的赵玄朗为先祖，鼓吹神迹，玩天书降世的把戏，大兴土木，各种粉饰太平。

这跟隐士有什么关系？按照当时的思维逻辑，野有遗贤，"高手在民间"，隐士为有道之人，唯有道之君才请得动。如果真宗在东封西祀中，隐士们纷纷下山襄助盛典，无形中就能为真宗的圣德加分。即便隐士们不愿意出山，真宗也可以借此提倡高尚士风，推行教化。

愿意下山的隐士中，最著名的就是种放。种放比林逋大十二岁，早先隐居终南山，在大臣们多次举荐后，他前往京师觐见真宗，还陪真宗封禅泰山、西祀汾阴。种放几乎每一次赴朝，都享受到了加官和赏赐的待遇，后官至工部侍郎，成为北宋隐士中的标志性人物。

上有所好，下必甚焉。各地官员们揣摩着真宗的意思，纷纷向朝廷推举隐士，两浙转运使陈尧佐就是其中一位，陈尧佐会写诗、会做官，属于"会来事"的那种官员。大中祥符五年（1012年），陈尧佐举荐过处州籍隐士周启明，朝廷的回应是"赐粟帛"。

尝到甜头的陈尧佐亲往拜会林逋，两人诗歌往还，陈尧佐旋即向朝廷报告林逋的事迹，称林逋"少孤力学，不为章句。性恬淡好古，不趋荣利，家贫衣食不足，宴如也"。

就在这年六月，有关林逋的诏书也颁发下来，与周启明一样是"赐粟帛"，还要求杭州地方长官慰问林逋，"长吏岁时劳问"。这道诏书上的命令起到了实效，曾任杭州知州的李及就前往探望过林逋，与他清谈终日，尽兴而归。

有人喜欢林逋，自然有人不喜欢林逋，另外一位杭州知州王济对林逋就很不感冒，他收到林逋的书信之后，评价说："如果是高隐之士，就不该和王侯往来；如果是文学之士，就应该学以致用入仕。林逋两个都没做到。"

隐士也很难做。

五

名满天下，谤亦随之。林逋听到的风言风语想必不少，他只能借诗来表明心志："唯知隐遁为高尚，敢道文章到圣贤。"

一个穷读书人，守着自己的一亩三分地，每天"行樵坐钓"，读读书，写写诗，看看风景，拜访拜访朋友，有何不可？

唯一让世人羡慕的，是林逋隐居之地实在太过美好。孤山近城市而远繁华，春天"且偷闲眼看芳菲"，夏天"凭栏初过一襟风"，秋天"水痕秋落蟹螯肥，闲过黄公酒舍归"。他在孤山上看一回风景，写一回诗，有山水相伴，孤独却不寂寞。

赶上兴致来了，便一叶扁舟荡入西湖深处，拜访好友。吴越国崇信佛教，西湖四周多兰若，林逋交际名僧，一起喝喝茶，谈禅访道，论诗作画，高雅文化可不就是这么来的。

据说林逋将白鹤养得极熟，一旦有客来访，仆从放鹤翱翔，林逋在外面看到，便悠然而返。那是一个不拘时间，岁月从容的时代，湖光山色里，"晴空一鹤排云上"，过不多时，听得小船欸乃之声，林逋与慕名而来的朋友隔着老远打招呼，这样的场景本身便可以入画。

虽然是隐居，林逋同样有俗世生活需要奔忙，他写信向一位秀才借《唐登科记》，为的是检索唐懿宗年间科举考试的考题，退隐的林逋要看这些做什么？不得而知。这封信后来被岳飞之孙岳珂收藏，岳珂也觉得很奇怪。

五十年间，林家自林克己往下，在仕途上已经沉寂了两代。时代不一样了，林逋自己都感叹"吾身已是太平民"，没有必要让下一代也走隐居的路子。林逋没有娶妻，也没有子嗣，他借来考题，多半是在家中辅导侄子们就学，以备入仕。

一代隐、二代仕的情况在当时很常见。隐士种放就很照顾家族中人，种家后来名将辈出，据说《水浒传》中赫赫有名的"老种经略相公"和"小种经略相公"便是种家后裔。林逋的侄子林宥于1014年中进士，林逋闻知喜讯，激动不已，这种对功名的急切态度，确实让隐士林逋看起来有点不完美，可如此血肉俱全的人生，才是真实的凡俗人生。

看得出来，隐居中的林逋并非忘情世事，他对同时代的诗人王禹偁评价很高，认为"放达有唐惟白傅，纵横吾宋是黄州"，将其与白居易相提并论。他还细读种放与丁谓的诗，并且小心翼翼地与之保持距离："才高敢望如明逸，新句无因似谓之。"

字里行间的亲密与疏离，隐藏着林逋对世事的通达态度，以及一些不便言说的纠结。

相比才高的种明逸先生，林逋已经很远离时局。他结交的官员，或是早年旧识，或是杭州本地主官，还有一些慕名之士，除了后来登上相位的陈尧佐、宋庠、王随之外，少有朝中勋贵。陈、宋本来就是当世一流的诗人，他们对林逋的赞誉，出自诗人对诗人的推崇与认可。王随深谙禅理，与林逋也谈得来，他还自掏腰包，为林逋重修了房子。

只消看一看李建中与林逋的交往，便可以感受到这种文人士大夫的古道热肠。李建中为宋初著名书法家，历任曹州、解州等地知州，他比林逋年长三十多岁，论年龄是前辈，论资格是官员，有一次回信稍迟，李建中仍满怀歉意地写道：

"寻值到阙，殊置便风，还答稽迟，罪戾悚息，惟达人君子不相深责乎。"

这种人格上的尊重，大约是王济之辈不能理解的。

六

时间到了仁宗天圣年间，宋真宗和种放都已经过世，林逋在孤山上隐居了二十年，足迹不入城市。前来拜访的人，旧雨渐少而新朋日增，唯一不变的只有林逋自己。

二十多岁的梅尧臣自会稽归来，冒雪前往拜见林逋，这一席交谈，让梅尧臣记忆深刻，他后来回忆着那个场景，在小了三十多岁的晚辈面前，林逋仍是热情周到。尖风刺骨，他燃火给客人烘烤衣服，端来葛根和棠梨按酒待客，坐谈孔孟之道，品评韩愈、李翱的文章，不故作玄虚，不自抬身价，没有妄诞之气，依然是当年的书生模样。

林逋终身未娶，世人称他"梅妻鹤子"，将他的生平美化，可据梅尧臣透露，林逋退隐湖山、终身不娶的真实原因，是自幼身体多病。

梅尧臣与林家三代人都有交往，这是一个很合理、很自然的解释。

转年，三十多岁的范仲淹也曾几度拜访林逋。范仲淹性格热烈，话说得开，他恭维林逋是"山中宰相"，朝廷"束帛降何频"，直白地夸林逋"几侄簪裾盛"，意思是林家侄子都官至显贵，这无疑是林逋的栽培之功。

范仲淹祖上系吴越旧臣，对林逋自有亲近之感，两人谈论时事，林逋的见识必定也让范仲淹大为折服。临别之际，林逋还在菜园子里摘些蔬菜，做饭为范仲淹送行，如此质朴却浓厚的盛情，让才气纵横的范仲淹也生出了些许归隐之心。

范仲淹日后写下那句"处江湖之远则忧其君"时，心中是不是也曾闪现过林逋的身影呢？

1028 年冬天，林逋在孤山长逝。他虽然孤身一人，但朋友遍及天下，况且还有仕进有成的侄子和门人襄助，身后事颇不寂寞。

他的朋友陈尧佐、宋庠此时身居高位，想必是他们为林逋请来了"和靖先生"的谥号，意思是平和安静，这正是林逋一生的真实写照。

时任杭州知州的李谘是林逋旧交，他一力主张将林逋遗作刻在石头上，一起埋进墓中。这首诗只有很简单的四句：

"湖上青山对结庐，坟前修竹亦萧疏。茂陵他日求遗稿，犹喜曾无封禅书。"

真宗东封泰山、西祀汾阴，天下多少不甘寂寞的隐士踊跃前往，甚至上书劝进。纷纷扰扰间，林逋或许也动过心，或许还写过些什么，可他最终一个字都没呈上去。

他至少守住了隐士的底线。

人生不止
晓风残月

柳永

顶流

杨柳岸、晓风残月，
在今天甚至被改造成方言传唱，
柳词的生命力，
也与他的愁绪一起延续千年。

一

李煜入宋的时候，有一批江南旧臣同往汴梁，监察御史柳宜就是其中之一。

柳宜工文章，有文集三十卷之多，他官至国子监博士，为子孙稳固阶层打下了基础。柳宜的儿子柳三复、柳三接、柳三变后来都考中进士，为官一方。这份家传文脉，至少延续到了柳家第三代。

柳三变，也就是我们熟知的柳永，他凭一己之力开创了大宋慢词新风尚，成为继李煜之后的一代词坛宗主。

这一路，柳永走得不容易。

二

都说唐诗宋词，可在北宋初年的时候，当世一流文人以诗为尊，词这种盛行于西蜀和南唐的小玩意儿，带着浓厚的脂粉气，在花间柳巷传唱则可，难登大雅之堂。词要想在庙堂与江湖之间别开生面，还得有个关键人物站出来。

大宋日渐繁荣，社会需要娱乐，这个艰巨却好玩的任务，自然而然落在了柳永身上。

我们对柳永早年的情况知之甚少，他大约生于987年，幼年时跟随游宦的父亲到处迁徙。父亲亡故后，柳永曾回到武夷山老家，这里是南唐旧地，出产天下闻名的"建茶"，以及同样有名的"建本"书籍。建茶与建本的繁荣过程，似乎预示着柳永和词未来的命运：从边缘走向通衢大道，蔚为大观，直至成为生活和历史的一部分。

出身官宦之家，读书应举是柳永注定的出路。他早年的诗歌中规中矩，一望便知受过专业训练，也为他日后作词打下了基础。但诗与词之间最大的区别，不在于文字本身，而在于音乐。诗歌起初也是配乐吟诵的，后来才脱离音乐自成一格，词在诞生之初更是如此，人们必须根据曲调来填词，因此精通音律，是填词的第一步。

柳永这一步是如何完成的？或许是得自父辈的熏陶，

或许是身在江南耳濡目染的结果，这一点似乎更有可能，比如柳宜的好友、宋初著名文学家王禹偁留下的唯一一首词，就是受江南风气浸润而作。学习音律同样需要下一番苦功，柳永多半是因为兴趣所向，早早地熟悉了流传于江南的各类曲调，而且自学成才，毕竟对于一位少年来说，音乐的魅力并不在文字之下。

三

1008 年，二十多岁的柳永跟随兄长前往京师应试，他走的路程，想必与建茶、建本出山的路径一致：先是穿山越岭来到江西铅山，再往东经过金衢盆地，沿建德江而下，直抵杭州，接着沿运河北上，经过繁华的润州、扬州，再循汴河抵达东京汴梁。

从杭州到京师这一段运河水路，是一条黄金水道，也是大宋的交通动脉和经济命脉，柳永之后还将多次往返于斯。之所以重点描述这段路程，是因为沿途商业发达，由此形成了灿若繁星的市镇，市镇上密集的酒楼、瓦子等娱乐消费场所，未来将是柳词最直接的传播渠道。

此时大宋正处于一个关键的变化之中：宋真宗与辽签订澶渊之盟，以不太理想的方式结束了紧张的战争状态。兵戈远去，意味着武功转向文治，宋真宗毫不吝啬地扩招进士，还写下"书中自有黄金屋""书中自有千钟粟""书中自有颜如玉"这类直白的劝学诗，受此感召，来自江南的柳永踏入考场的那一瞬间，必定信心十足。

按照今天的说法，假如不出意外的话，一定会有意外发生，年轻的柳永未能被录取，他自负地写下《鹤冲天·黄金榜上》：

> 黄金榜上，偶失龙头望。
> 明代暂遗贤，如何向？
> 未遂风云便，争不恣狂荡？
> 何须论得丧。
> 才子词人，自是白衣卿相。
> 烟花巷陌，依约丹青屏障。
> 幸有意中人，堪寻访。
> 且恁偎红倚翠，
> 风流事，平生畅。
> 青春都一饷。
> 忍把浮名，换了浅斟低唱！

倘若只读词中文字，浅白易懂，上阕是落榜之后的自我安慰，下阕写失意之后怎样寻欢作乐，格调谈不上如何高妙。换个角度看，这首词的亮点在于词牌，《鹤冲天》词牌系柳永首创，说明曲目是柳永亲手改编或者谱写的，这样的技能一般文士可做不到。年少的柳永自我定位成"才子词人"，他又编曲子又作词，以专业音乐人的身份正式"出道"。

四

在柳永之前，受音乐的限制，词的篇幅不长，多属于"小令"，而且节奏较快，词牌品类也不多，翻来覆去就是《菩萨蛮》《浣溪沙》之类，听都听腻了。科场失意的柳永一头扎进创作中，他当然也写三五十字的小令，但一改曲风文辞，创作出了数量众多的"慢词"。

顾名思义，慢词的音乐旋律绵长，"春花秋月""凭栏"之类远远不够，需要填充更多的文字。为了合乎音律，柳永作词时一手牵诗赋，一手挽俗语，将大雅大俗融汇在一起，他的新词篇幅比小令长很多，最长的一首词《戚氏·晚秋天》有两百多字。如果说唐诗是格律严谨的古典音乐，柳永创作的，则是旖旎繁复、别具一格的流行音乐。

柳永确实爱玩。"当年少日，暮宴朝欢。况有狂朋怪侣，遇当歌对酒竞留连。"他将大把的时间花在欢场之上。"未名未禄，绮陌红楼，往往经岁迁延。"绮陌红楼既是柳永挥洒少年意气之地，也是他作词的灵感来源。

更重要的是，这些烟花之地的伎乐，为柳永验证新声提供了理想场所。

宋代民间歌舞伎乐颇为发达，宋真宗的皇后刘氏（"狸猫换太子"故事的主角之一）就是一位来自川蜀的歌女，教坊司也时常从民间吸收乐人。供养伎乐的费用很是昂贵，真宗时期的宰相寇准最喜欢"柘枝舞"，这种舞蹈发展到宋时需要二十四人同舞，"一曲清歌一束绫，美人犹自意嫌轻"。寇准以豪奢著称，他老人家支付的酬金，艺人犹嫌不足，说明伎乐市场的高昂价格远不是一般人能想象的。

如此庞大的开销，柳永断然无法承受。他流连于乐坊，便与歌女舞女交好，为她们量身定做词曲，乐坊歌舞伎们同样投桃报李，将柳永的新词演绎出来，传播四方。宋人称："柳三变游东都南北二巷，作新乐府，骫骳成俗，天下咏之。"说的就是这么回事。

柳永为大宋娱乐业树立了一个新标杆，他不再含含糊糊将填词当作业余爱好，而是一头扎进世俗中去，将生活与词揉成一团，难分彼此。

这个阶段的柳词，专一写洞房锦帐、暖被香衾，往往上阕还在描述室外风景，下阕镜头一转，就往闺房风情里去了，直白的程度，多少有些违背诗家"乐而不淫"的古训。可这是属于柳永的情歌，绵长的新曲调，真实俗气的新词，天然具备市井流传的特性，就在这些"阑珊""云雨"之中，宋词婉约多情的新气质呼之欲出。

李煜以词寄托家国哀思，柳永往往指名道姓，写活生生的人。有一位叫虫虫的歌女，是柳永的心头好，柳永在词中多次提到她，情真且意切，他甚至想过与虫虫成家："待作真个宅院，方信有初终。"

落第士子与歌女的感情注定没有结局，于是才有了《雨霖铃·寒蝉凄切》：

更与何人说？

便纵有千种风情，

此去经年，应是良辰好景虚设。

杨柳岸、晓风残月。

今宵酒醒何处？

更那堪，冷落清秋节！

多情自古伤离别，

暮霭沉沉楚天阔。

念去去、千里烟波，

执手相看泪眼，竟无语凝噎。

留恋处、兰舟催发。

都门帐饮无绪，

对长亭晚，骤雨初歇。

寒蝉凄切。

这首词流传极广，历代名家都摘取其中警句向柳永致敬。时至今日，它不仅入选语文教材，还被改编为歌曲传唱，其生命力之旺盛，足以让人感慨柳词的千年魅力。

五

柳永所作新声，自烟柳繁华处弥漫开来，流行至全国各地，对于词人来说，这是莫大的幸事。但宋真宗最忌言辞浮华，真宗驾崩后，垂帘听政的刘太后更是讳言早年的歌女经历，在此背景下，词人柳永声名越盛，仕进之途反而越发艰难。

据说教坊司的乐工经常求着柳永填词，久而久之，柳永的大名传入宫中，皇帝在进士预录名单中看到柳永的名字，朱笔一挥，勾去了名字，还品评了一句"且去填词"，直接掐断了柳永中试的希望，他此后便打出了"奉旨填词"的旗号，一门心思填词去了。

故事真假不论，在重士林正统文章的时代，柳永因艳游填词被视为轻薄之流，继而影响入仕，并非不可想象的事情。

柳永这一蹉跎就是二十多年，黄金光景日益流逝。人到中年，已经娶妻生子的柳永仍在苦苦谋求"上岸"，他的词渐渐脱去早年绮艳的绯红色，一转为"衣带渐宽终不悔，为伊消得人憔悴"的蕴藉含蓄，《八声甘州·对潇潇暮雨洒江天》最能写尽其中况味：

"对潇潇暮雨洒江天，一番洗清秋。渐霜风凄紧，关河冷落，残照当楼。是处红衰翠减，苒苒物华休。惟有长江水，无语东流。　　不忍登高临远，望故乡渺邈，归思难收。叹年来踪迹，何事苦淹留？想佳人妆楼颙望，误几回、天际识归舟。争知我，倚阑干处，正恁凝愁！"

凄、冷、残，这些柳词中常用的字眼，写的既是实景，也是心境。

好不容易熬到刘太后薨逝，年轻的宋仁宗亲政，四十多岁的柳永才于景祐元年（1034年）登第。因为仁宗皇帝格外开恩，这一年的进士录取人数是平常年份的几倍，柳永的哥哥柳三接也同时中举。新科进士们从优授予官职，柳永的成绩位列第三甲，处于中等，得以出任睦州团练使推官。

苦等了半辈子，终于摆脱白衣身份，一步登龙门，柳永欣喜难禁，作了一首新词《柳初新·东郊向晓星杓亚》，其中写道："别有尧阶试罢。新郎君、成行如画。杏园风细，桃花浪暖，竞喜羽迁鳞化。遍九陌、相将游冶。骤香尘，宝鞍骄马。"

这般"一日看尽长安花"的欢天喜地，在早年的柳词中是不多见的。

六

1035年，睦州团练使推官柳永刚一上任，就惹出了一桩不大不小的麻烦事。

时任睦州知州吕蔚很可能是柳永的"粉丝"，对这位誉满天下的词人极为欣赏，柳永到官后不久，吕蔚便兴冲冲地奏举柳永。举荐书递交上去之后，让主持御史台日常工作的侍御史知杂事郭劝拿了个正着，郭劝一语道破其中关窍："柳永到官才个把月，哪里来的政绩？"

吕蔚的举荐毫无疑问被驳回了。因为这件事，朝廷还专门下了道诏书，重申幕职官和州县官到任未满一年不得奏举的规定。略显尴尬的是，这也是柳永唯一一次在正史中留名。

遭遇这场打击，柳永多少有些不开心，他在词中感叹："游宦区区成底事，平生况有云泉约。归去来，一曲仲宣吟，从军乐。"

吐槽归吐槽，宋代官民地位悬殊，柳永花了大半辈子才挤上独木桥，实现了俗世梦想，不可能当真抛下这一切回乡归隐。从词人转型为官员，柳永词风大变，从放浪形骸一转为哀感顽艳，又增添了几分小心翼翼的拘谨深沉。

年近五旬才起步，柳永的职场之路比青年才俊们慢了一大截，何况他还有好几道关卡要过。第一关就是从"选人"升"京官"。宋代官制等级森严，州县幕僚级别的官员属于选人，和京官之间落差堪比天壤，一般情况下，柳永需要在三个不同的岗位上历练，累计经过六年考核，然后同时获得五位推荐人举荐，才能取得升京官的资格——还仅仅是获得升职的资格而已。

柳永一定花了很大的力气，才完成从选人到京官的进阶，此间他担任过职位低微（也许收入可观）的监盐，在东海之滨怀念远人，相思仍在，只是多了几分身不由己的无奈：

"旅情悄。远信沉沉，离魂杳杳。对景伤怀，度日无言谁表。惆怅旧欢何处，后约难凭，看看春又老。盈盈泪眼，望仙乡，隐隐断霞残照。"

大约在庆历初年，五十多岁的柳永终于升为著作郎，这是京官中的最高一阶。宋朝承平数十年后，风气丕变，宰相晏殊都以填词著称，柳永名动天下的词人身份，此时已不再是忌讳和负担。

根据史料记载中的只言片语，跃升京官之后，柳永曾获宋仁宗召见，宋仁宗素来喜好音乐，柳永能够撰曲作词，于是"宠进于廷"，并在垂暮之年更进一步，由京官跻身更高级别的朝官。柳永最后官至"屯田员外郎"，世人熟知的"柳屯田"，就是这么来的。

需要解释一下，北宋前期，屯田员外郎只代表官员品阶，与工部的屯田事务毫无关系。屯田员外郎位列朝官，有机会出任富庶区域的知县，甚至出任知州，每月可以拿到不少薪资，致仕之后仍旧有一半俸禄，而且子孙有资格封荫为官，如此优厚的待遇，远远超过许多沉沦下僚的官员。

七

屯田员外郎柳永的晚年，未必如人们想象的那般潦倒。

他的儿子柳涚于庆历六年（1046年）考中进士，侄子柳淇后来同样考中进士。从柳宜算起，柳家三代六进士，成功实现了诗礼传家，就品阶而言，除了柳三接官至"都官员外郎"，略高于柳永外，柳家其他几位也止步于京官或朝官初阶，可见柳永在官场的际遇并非"遭遇"，而是当时的普遍情形。

柳永的游宦生涯，精力大多花在官场应酬上，他拜谒名相吕夷简，还向战功显赫却声名狼藉的孙沔赠词，《望海潮·东南形胜》就是为孙沔而作的：

"东南形胜，三吴都会，钱塘自古繁华。烟柳画桥，风帘翠幕，参差十万人家。云树绕堤沙。怒涛卷霜雪，天堑无涯。市列珠玑，户盈罗绮，竞豪奢。　　重湖叠𪩘清嘉。有三秋桂子，十里荷花。羌管弄晴，菱歌泛夜，嬉嬉钓叟莲娃。千骑拥高牙。乘醉听箫鼓，吟赏烟霞。异日图将好景，归去凤池夸。"

"烟柳画桥，风帘翠幕"，已经寻觅不到"杨柳岸、晓风残月"的影子，柳永年少时的人生遗憾，大约早就在时间的抚慰下磨平了。

可是在人们的记忆中，对柳永的印象始终停留在"执手相看泪眼"的柔弱之中。而大宋自己人，对柳永的评价也是模棱两可，明面上大伙儿都嫌他俗气，暗地里却又不得不服气，文坛还不自觉地带有柳永的影子，反倒是女词人李清照对他的评价稍稍客观一些：

"始有柳屯田永者，变旧声作新声，出《乐章集》，大得声称于世；虽协音律，而词语尘下。"

"词语尘下"无非还是说柳永土气，殊不知这正是柳词流传天下的缘由所在。宋人记载说：与大宋互为敌国的西夏，"凡有井水处，皆能歌柳词"；金朝皇帝完颜亮读到柳永的《望海潮·东南形胜》，慨然而生南下伐宋的念头。不只如此，柳词还漂洋过海，四处传播。

宋代卿相何止百千，能拥有这样的"国际影响"，柳屯田一人而已。

莫道
豪杰不相思

范仲淹

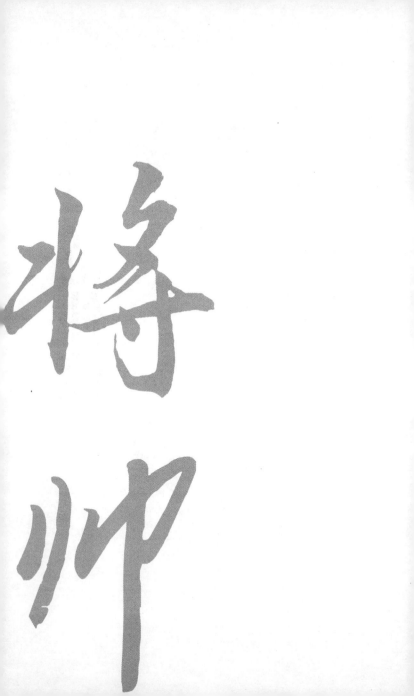

以慷慨入世著称的范仲淹，
词作多写秋天，
多写别恨离愁，
莫道豪杰不相思。

一

1038 年冬天，大宋仁宗皇帝特意下了一道诏书，禁止百官搞"朋党"，也就是不得拉帮结派。

明眼人一看就知道，这道诏书是冲着范仲淹和他的同道们来的。两年前，因为指责宰相吕夷简独揽大权、任用私人，权知开封府事范仲淹被贬官饶州，与他志趣相投的好友余靖、尹洙、欧阳修等也先后被贬为地方官，在当时的语境下，"朋党"一词，就是针对范仲淹及其同道之士的专用语。

这道诏书颁发后不到十天，西夏李元昊筑坛受册，自称大夏国皇帝，还向宋朝派遣使者，要求承认他的新地位。向来视李氏为藩臣，且最重名分的宋朝自然不能答应。双方使节往返数次，都没能讨论出个结果来。李元昊厉兵秣马，磨刀霍霍，西北地区立时陷入危机之中。

仁宗皇帝可能没有想到，最终临危受命，在西北边事中扛起大旗的，正是范仲淹和他的"朋党"们。

二

一年零两个月后，李元昊率兵攻打延州，先是突袭了延州正北方向的金明寨，又在三川口大败宋军，俘虏两员宋军大将，还将延州围困七天之久。

从签订澶渊之盟到这时，宋朝有近三十五年未发生大的边境战事，承平日久，加上重文轻武，陡然遇到变故，群臣束手无策。陕西安抚使韩琦向朝廷荐举范仲淹，还拿家族性命立下保证："若涉朋比，误国家事，当族。"

这次朝廷没有反复权衡，而是任命范仲淹知永兴军（陕西一路，治所在长安），然后又改为陕西都转运使，再改为陕西经略安抚副使，最后敲定让他知延州。范仲淹的好友庞籍、尹洙、滕宗谅也先后来到西北，在大局面前，"朋党"之禁终于解封了。

西夏与宋朝之争是个历史遗留问题。陕西一路，北边是厚实的黄土高原，黄土高原东北的横山、无定河区域，水草丰茂，适合游牧。一旦发生战争，这里也是兵家必争之地，所以才留下了"可怜无定河边骨，犹是春闺梦里人"的名句。

唐末党项族首领李思恭平定黄巢有功，被封为夏州节度使，据有无定河流域，他的后人世袭节度使，趁中原王朝无力西进之机，打通河西走廊，称雄西北。李元昊就是这个家族的后裔。

因为黄土高原的阻隔，李元昊挥军南下的路线就这么几条，都得沿着高原中的河谷行进：要么走东边的延州、鄜州；要么走中间的环州、庆州；再往西去，沿六盘山东麓可穿插至渭州、泾州；此外绕行六盘山西麓也可以侵袭渭州，或者直抵秦州、凤翔。

两军对垒，看似纵横千里，其实就四条主要路线，宋军的布防也是按这四路展开的。延州离无定河流域最近，论危险首当其冲。

三

年过五旬的范仲淹一到延州，就大力整顿军务。他安排种放的侄子种世衡修清涧城，把守住无定河下游到延州的孔道；选拔狄青等青年将领；还根据朝廷要求，派遣大将葛怀敏袭扰边境地带的夏军。

葛怀敏是名将王德用的妹夫，与枢密使晏殊是连襟。范仲淹曾奏称葛氏不知兵事，想把他调走，但葛怀敏的位置始终稳如泰山。从这样的人事配备，可以想见朝廷当时的用人风格。

朝廷急于扑灭李元昊的气焰，让前线做预案，陕西四路的帅臣之间却产生了分歧：主持全局的经略招讨使夏竦想从延州、泾州两路出兵，东西合围直捣横山，副使韩琦也赞同这个方案，可范仲淹不同意，他主张稳扎稳打，做好准备再出击。

大家意见不统一，联合出兵的事就耽搁了下来。

范仲淹主持延州军务期间，延州实力渐长，李元昊不想碰钉子，决定走六盘山西线进攻渭州。韩琦收到谍报，匆忙赶到渭州以北的镇戎军，调集全部军队和丁壮交由大将任福统领，要他沿着六盘山西麓行进，寻找战机。

任福率大军分几路行进，很快遇到了西夏军队，夏军假装败退，一路引诱宋军追击，任福果然上当。三天之后，追得筋疲力尽的宋军在好水川一带，撞上了严阵以待的夏军主力，经过一番血战，宋军死伤甚众，几乎全军覆没。

数万将士命丧敌手，这样的惨败，让一向好脾气的仁宗皇帝也动了怒。朝廷派人调查发现，韩琦曾明确要求任福不得冒进，而任福已经英勇战死，其子任怀亮也为国尽忠，看上去谁都不好担责。因此处理结果仅仅是韩琦官阶降一级，其他职务不变。

这时，远在延州的范仲淹却也被降职。原来他此前曾安排人秘密招降李元昊，李元昊当时没有答复，等到好水川战事结束，大获全胜的李元昊派来使者面见范仲淹，还送来了一封二十六页长的信函，其中大多是侮辱性的"嫚语"。范仲淹烧掉了其中难以言说的二十页，将剩下的六页涂涂改改，上交给了朝廷。

在朝廷看来，范仲淹擅自与李元昊通使，又烧掉重要文件，性质恶劣，参知政事宋庠甚至说出了"范仲淹可斩"这样的重话。不过好水川一战，将宋朝君臣打出了心理阴影，李元昊又随时可能卷土重来，这时候将顶梁柱范仲淹撤职查办，对全局的影响可想而知。

朝廷本着缺哪补哪的用人思路，将范仲淹调任环庆一路。他接手工作不久，李元昊干脆利落地避开陕西，猛攻河东，宋朝军民死伤三万余人。朝廷催促诸路将士同步出击，可是面对以骑兵为主力、灵活机动的夏军，宋军除了高壁深垒，固守防线之外，取胜的概率其实不大。

四

进退两难中，范仲淹写下了《渔家傲·秋思》：

塞下秋来风景异，
衡阳雁去无留意。
四面边声连角起。
千嶂里，
长烟落日孤城闭。

浊酒一杯家万里，
燕然未勒归无计。
羌管悠悠霜满地。
人不寐，
将军白发征夫泪！

早些时候，填词除了要吻合声律之外，还有一个要求便是要和词牌主题有所关联，《渔家傲》大体就要写渔人水上生活。范仲淹一反常规，通篇描摹塞下风情，直接突破了婉约词的设定，从莺歌燕舞一变为慷慨激昂，意境直追盛唐边塞诗，开词中豪放派之先河。

"四面边声连角起。千嶂里，长烟落日孤城闭"，纯写实景，边城僻处的黄土高原山谷之中，极目远眺无非山峰山脊，眼看长烟落日，号角连营，孤城紧闭，入夜之后便起了浓霜，一曲凛冽的羌笛，吹进了所有人的思乡之梦。

范仲淹以慷慨立世，他来西北之前，必定有过效仿汉唐名将出征塞外，勒石燕然的梦想，不过眼前败多胜少的光景，让这位旷世奇才也生出了一丝迷惘。

值得一提的是"浊酒一杯家万里"。范仲淹早年娶妻李氏，生四子三女，大概在他贬官饶州前后，李氏病亡于鄱阳。此行来到西北，范仲淹将长子纯祐带在身边历练，其他子女或许留在了后方。

在环庆期间，范仲淹已经纳张氏为侍妾，张氏比范仲淹小三十多岁，这时还是妙龄女子。宋代以妾为妻是违法行为，特立独行如范仲淹也不敢公然立侍妾为继室。尽管有张氏陪伴在身旁，这个"家"也是不完整的。

局势紧张，范仲淹没有太多思乡的机会。面对往来如风的夏军，他和好友庞籍一守环庆路，一守延州路，铆足了劲与西夏争夺一时一地之得失。他们往横山方向筑城修寨，安抚宋夏边境的部族，营田拓荒，宋军偶尔取得的小胜利，都来自于这种笨拙而有效的挺进。

1042年春天，范仲淹让长子纯祐带兵前往华池水的上游修筑大顺城，因为计划周密，仅仅十余天就夯土成城。大顺城成功楔入夏军的前沿区域，将延州和庆州两大防区连成一片，范仲淹兴致勃勃邀请前来游历的张载写了《文庆大顺城记》一文，他自己也在返程途中作了一首小诗，恰好可与《渔家傲·秋思》相呼应：

"三月二十七，羌山始见花。将军了边事，春老未还家。"

五

接下来，陕西前线平静了大半年。这期间辽国趁火打劫，向宋朝提出了修改澶渊之盟合议的要求，范仲淹的好友富弼奉命出使辽国，以宋朝每年增加岁币为条件，成功续约，看上去一切都在好转。

然而就在这年冬天，李元昊再度伐宋，他故技重施，避开防守准备充分的延州和环庆两路，兵锋直指渭州。领军前往抵抗西夏大军的不是别人，正是范仲淹看不上的大将葛怀敏。

葛怀敏显然忘了好水川之战的教训，他带领各寨兵马前往镇戎军御敌，在镇戎军以北的定川寨被重重包围。夏军对宋军指挥体系中的弊病了如指掌，葛怀敏又指挥失当，他本人在突围时遇害，剩下九千多人马悉数陷没。

剩下的宋军一无斗志，二无指挥，眼睁睁看着西夏大军长驱直入，转而袭扰宋军后方。守泾州的滕宗谅手上缺少兵马，仓促发数千民壮守城，杀牛摆酒犒赏援军，并祭祀战死的英烈，借以安定民心。夏军不敢孤军深入，大掠数百里之后从容撤退。

等范仲淹带着援军赶到渭州时，李元昊已经远去。渭州是关中门户，李元昊能打到这里，说明宋军的防线根本经不起考验，关中地区大为恐慌。范仲淹请求和韩琦同时坐镇泾州，重新构筑西部防线，但远在京师的仁宗皇帝开始有了别的想法。

时间到了1043年春天，仁宗已经做好与西夏和谈的准备，他担心陕西帅臣有异议，先是给范仲淹、韩琦、庞籍各赐钱百万，又诏范、韩二人任枢密副使，将他们调离陕西，接替他们统管军务事宜的，是范仲淹的连襟郑戬。

范仲淹离开驻守三年的陕西，一身轻松回京师，过长安时醉别郑戬，他在诗中写道："共上青云路，相看白发人。"

范仲淹至京师后不久，由枢密副使升参知政事，富弼升任枢密副使，余靖、欧阳修、蔡襄任职谏官。当初诏书中切责的"朋党"们，如今果真在仁宗提拔下"共上青云路"。

三十出头的仁宗连吃败仗，也想奋发有为一把，他罢免老资格的宰相吕夷简，让范仲淹和富弼筹划变革，范仲淹"感激眷遇，以天下为己任，遂与富弼日夜谋虑，兴致太平"。他们提出十项主张，大多数落在变革人事制度上，这就是有名的"庆历新政"。

范仲淹在朝堂上大张旗鼓之际，陕西突然传来消息，郑戬举报滕宗谅"枉费公用钱十六万贯"。十六万贯可不是个小数目，先前朝廷赐范仲淹百万钱，折下来也就一千贯而已。仁宗皇帝闻言大怒，派去中使查案，后来查明滕宗谅使用了三千贯公用经费，大概是战事之际用钱没个章法，如果严格依律行事，滕宗谅是可能被治罪入狱的。

范仲淹与滕宗谅同年考取进士，又在陕西前线相互倚助，关系匪浅，因此他不顾"朋党"的忌讳，竭力为滕宗谅开脱，在他全力维护之下，滕宗谅还是于第二年春天被贬，也就是"庆历四年春，滕子京谪守巴陵郡"。

"庆历新政"刚开始，就蒙上了这类人事纠葛的阴影。接下来，与范仲淹一系意见不同的官员寻找各种机会反击，甚至制造假文件污蔑富弼"欲行伊、霍之事"，也就是想废立皇帝。仁宗出了名的耳根子软，最是拿主意不定，范仲淹在朝中遇到的阻力越来越大，庆历四年（1044年）六月，他自请出京巡视陕西、河东，结束了在中枢一年多的任职。

临行前，范仲淹在宴席上作了《剔银灯·与欧阳公席上分题》一词：

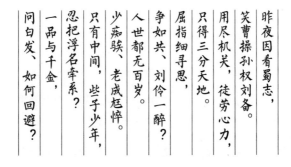

昨夜因看蜀志，
笑曹操孙权刘备。
用尽机关，徒劳心力，
只得三分天地。
屈指细寻思，
争如共、刘伶一醉？
人世都无百岁。
少痴騃、老成尫悴。
只有中间，些子少年，
忍把浮名牵系？
一品与千金，
问白发、如何回避？

立身、立朝极正，当初敢上疏让刘太后还政于仁宗，敢率群臣伏阁门前进谏皇帝，敢指斥宰相误国的范仲淹，也在词中发出了无奈的感慨，此刻范仲淹心理负担之重，可见一斑。

六

庆历四年冬十月，宋与西夏定下盟约，李元昊仍对宋称臣，双方重新商定疆界，宋朝每年以岁赐的名义给西夏绢、银等物料，等于花钱买平安，持续六年的战事宣告结束。

毋庸讳言，在整个战事中，宋军四战四败，即便是范仲淹，也从未赢得过足以扭转全局的胜利。但他用出人意料的方式，将因循颟顸的官场撕开了一道缝隙，他把延州、庆州打理得铁桶一般扎实，破格选拔出旷世名将种世衡、狄青，就连"招降"李元昊、维护滕宗谅这些有争议的行为，也显露出浓浓的"范式风格"。

现在和议已成，多一事不如少一事的宋仁宗，只想早日恢复海晏河清的太平状态，他在一道诏书中重提"朋党"，用意不言自明。

此后不久，范仲淹罢参知政事，杜衍罢枢密使，韩琦、富弼罢枢密副使，欧阳修上疏请留用范仲淹，反遭陷害贬官滁州，至此，庆历新政昙花一现，大宋朝又回到原有的轨道上。

庆历六年九月十五日，移官邓州的范仲淹受滕宗谅委托，写下了《岳阳楼记》，他在文中写道：

"不以物喜，不以己悲，居庙堂之高则忧其民，处江湖之远则忧其君。是进亦忧，退亦忧。然则何时而乐耶？其必曰'先天下之忧而忧，后天下之乐而乐'乎！"

宋人以文辞立诚的不在少数，可唯独范仲淹写的每一个字，都是那么理所当然，半点勉强和虚伪都不曾有。

他在邓州还写过：

"莫怪山翁聊逸豫。功名得丧归时数。莺解新声蝶解舞。天赋与，争教我辈无欢绪。"

以天下安危自命的范仲淹，其实少有"逸豫"的时候，就连用来放松的词曲，都能让人感受到他微微绷紧的焦虑。

如此强势的人格，自然和生长环境有关。范仲淹父亲早逝，母亲改嫁，他顶着不被世人认可的压力，一路披荆斩棘，逆流而上。和晏殊等同龄人相比，范仲淹成功的时候少而失败的时候多，但他永远元气淋漓，失败却不失意，哪怕是相思之语，也写得那么干净利落：

碧云天，黄叶地，

秋色连波，

波上寒烟翠。

山映斜阳天接水，

芳草无情，

更在斜阳外。

黯乡魂，追旅思，

夜夜除非，

好梦留人睡。

明月楼高休独倚，

酒入愁肠，

化作相思泪。

　　谁说豪杰不相思？范仲淹也害怕孤独，也会失眠，也怕无情，可他硬生生扛住了这些人类生命中与生俱来的弱点，一如他在连天烽火和四面边声中，扛起那面象征大宋声威的巨纛。

柔情
直到八十八

张先

> 风流一生的张先，
> 活到了八十八岁，
> 他的词作里，
> 仍是满满柔情，一如他的生活。

一

北宋同时有两位张先，而且都字子野，一位籍贯博州，一位籍贯湖州。博州张先年岁小，于天圣二年（1024 年）中进士，与宋庠、宋祁兄弟俩同科；湖州张先年岁大，反倒在天圣八年（1030 年）才及第。我们要说的，就是这湖州张先。

湖州在太湖之侧，江南膏腴之地，张先大约出身中产之家，他父亲张维会作诗，且寿至九十一，尚能参加知州举办的宴会，这点文艺基因和长寿基因妥妥地遗传到了张先身上。

很多时候，年龄也是竞争力，北宋官员七十致仕，大多数词人都没能活到这个年纪，张先以长寿取胜，从太宗年间一直活到神宗年间，硬生生创造了一个传奇。

张先早年履历干净如白纸，唯一流传的爱情故事来得有些特别，据说他曾经爱上一个小尼姑，寺庙里管得紧，老尼将张先这位心上人藏在一座岛上，两人幽会一次不容易，而且注定不会有结局，张先后来作《一丛花令·伤高怀远几时穷》，道遗憾无尽：

伤高怀远几时穷？
无物似情浓。
离愁正引千丝乱，
更东陌、飞絮蒙蒙。
嘶骑渐遥，
何处认郎踪！

双鸳池沼水溶溶，
南北小桡通。
梯横画阁黄昏后，
又还是、斜月帘栊。
沉恨细思，不如桃杏，
犹解嫁东风。

这个故事仅为轶事，《一丛花令》这个词牌系张先初创，他大约也花了一些精力在音律上，不过没有柳永那样大开大阖，因而只在士大夫中广为流传。

二

准确说来，张先的人生是从后半段开始的。

天圣八年，四十岁的张先参加进士考试，主考官是晏殊，考题带着很明显的晏氏风格，注重诗赋，录取标准也较往常严格。张先通过考试后，授官"宿州掾"，实际上是以选人身份担任宿州幕职官。

这一年的考生中，最亮眼的有两位：状元王拱辰，后来官至宰相；第十四名欧阳修，官至参知政事。

和这些小了十几岁的年轻人相比，张先尽管名字里占了一个"先"字，但他中举慢，起家慢，结果就是步步慢。等到十年之后，张先熬完资历，登上京官最高一阶秘书丞，担任吴江县令时，王拱辰和欧阳修已经跻身馆阁，成为朝廷的中坚力量了。

迟至庆历三年（1043 年），张先才在离家乡不远的秀禾（今嘉兴）当上一州通判，郁郁不得志之意，可想而知。

这位年过半百的词人，大约有些躺平的心态，他借故不参加府中宴会，躲在家里喝闷酒，一觉醒来已经是晚上，闷闷不乐之余，写下了《天仙子·水调数声持酒听》：

水调数声持酒听，
午醉醒来愁未醒。
送春春去几时回？
临晚镜，
伤流景，
往事后期空记省。

沙上并禽池上暝，
云破月来花弄影。
重重帘幕密遮灯，
风不定，
人初静，
明日落红应满径。

这天晚上风有些大，吹得花枝摇晃，张先以拟人的手法，将花比作月下顾影自怜的佳人，信手写了一句"云破月来花弄影"。

这句词有什么好的？有一些暗示，有一些朦胧，有一些唯美，有一些小情趣，但理应没有到绝佳的地步，不过张先很满意，"云破月来花弄影"，就此成为他的代表作。

及至五十七岁这一年，张先迎来了命中注定的一悲一喜：他九十一岁高龄的父亲张维过世，紧接着，张先的儿子张文刚出生。

按照惯例，父亲过世，张先得在家中丁忧三年。完成丁忧之后，六十岁的张先原地起步，往京中候选。舟行经过京口，张先遇到了王安石，王安石这年约三十岁，也刚刚丁完母忧。一老一少两辈人在京口酬唱，或许还结下了一桩娃娃亲：张先之子张文刚，后来迎娶了王安石的堂妹为妻。

同样是丁忧之后复起，王安石一点都不担心前路，他早早接到荐举，入京应试馆职。张先显然没这个条件，就在今天人们将要退休的年纪，他还奔波于仕途，为了一个更好的去处托关系、找渠道，打点审官院的主管官员，个中酸楚，难以明言。

三

和同样坎坷的词人柳永相比，张先的运气还算不错，他参加科举时的座师晏殊，因为庆历四年的人事纷争退出中枢，以户部尚书、观文殿大学士出任永兴军节度使，晏殊举荐张先为永兴军通判，帮助张先完成了复起之后的关键一步。

座师和老门生重逢，按说是件愉快的事，但这次相逢没有想象中来得顺遂。晏殊钧衡国政、陶冶文坛多年，门生遍及天下，对欧阳修尚且态度冷淡，哪里会将一个不太有出息的弟子挂在心里？况且以职场经历而言，张先只在州县任过职，敏悟程度远远不及晏殊，因此一开始便吃了些冷遇。

有一回，晏殊召集官员在府中议事，问到张先时，张先怎么也答不上来，晏殊勃然作色，用楚语斥责道："举荐你本来是为了举贤，觉得你能写'无物似情浓'，没想到连公事都办不了！"

这番话道破了晏殊用人的惯例，他原本是以文才取人的，"无物似情浓"一句，触动了晏殊某一处心弦，因此才将这位老门生带在身边。

假如是欧阳修遭遇这样的冷遇，就算不对晏殊反唇相讥，也会挂冠而去。年过六旬的张先却不得不拉下面子，他儿子年幼，家累甚重，除了硬着头皮在官场上熬下去，别无他法。好在有词为媒介，师生二人的关系很快恢复了。

晏殊晚年居处奢华，家中原本就设有伎乐，他到长安之后新纳了一个侍女，每次张先前来拜访，晏殊便让这个侍女持壶佐酒，还让侍女歌唱张词以为娱乐。晏殊如此对待张先，轻慢之意显然要多过敬重之情。

没多久，晏殊新纳侍女的事情让夫人王氏给知道了，王氏出身将门，娘家世代都是节度使，论声望远超晏家，这位将门虎女对晏殊可不惯着，当即要求他将侍女赶出去，晏殊半点法子都没有，只得将侍女送了回去。

隔天，张先如往常一般到晏府拜访，发现堂下冷清，往日的侍女不见踪迹，惋惜之余，作了一阕《碧牡丹·晏同叔出姬》，还特意安排营伎当着晏殊的面歌唱：

"步帐摇红绮。晓月堕，沉烟砌。缓板香檀，唱彻伊家新制。怨入眉头，敛黛峰横翠。芭蕉寒，雨声碎。　　镜华翳。闲照孤鸾戏。思量去时容易。钿盒瑶钗，至今冷落轻弃。望极蓝桥，但暮云千里。几重山，几重水。"

几行字道尽侍女去后两相失落之意，张先作词时才情之敏捷，远过他考进士和做官的水准，晏殊看了"望极蓝桥，但暮云千里。几重山，几重水"这几句，也是悄然动容，自叹道："人生行乐耳，何自苦如此。"忙命人支取银钱，又将侍女迎接回来。

文学一途，往往后出转精，后世元好问作词名句迭出，其"问世间，情是何物，直教生死相许……渺万里层云，千山暮雪，只影向谁去"，细论踪迹，或许就脱胎于张先的"无物似情浓"和"望极蓝桥，但暮云千里。几重山，几重水"。

四

很可能是在老师晏殊的举荐下，张先在六十四岁这年结束了永兴军通判的任期，以屯田员外郎出知渝州（今重庆），当时州分为辅、雄、望、紧、上、中、中下、下八个等级，渝州经济薄弱，人口稀少，仅为下州，但这意味着张先终于成为一州之长。

张先赶上了好时候，他出任知州这几年，宋仁宗时病时好，国事一贯因循，管理上也不严格，所以张先能够在渝州过着歌舞饮宴的日子：

"醉笑相逢能几度。为报江头春且住。主人今日是行人，红袖舞，清歌女。凭仗东风教点取。　　三月柳枝柔似缕。落絮尽飞还恋树。有情宁不忆西园，莺解语，花无数。应诏使君何处去。"

"红袖舞，清歌女"，描绘的都是官伎。宋代设有官伎制度，这些命运悲惨的女孩因为连坐或者其他原因被列入乐籍，每逢官府宴会，官伎需前往奏乐歌舞，这在当时是惯常的娱乐活动。在这些知书达礼的佳人面前，年老心不老的张使君颇有些得意佳作，如《行香子·舞雪歌云》：

舞雪歌云，闲淡妆匀。
蓝溪水、深染轻裙。
酒香醺脸，粉色生春。
更巧谈话，美性情，
好精神。

江空无畔，凌波何处。
月桥边、青柳朱门。
断钟残角，又送黄昏。
奈心中事，眼中泪，
意中人。

他对"心中事，眼中泪，意中人"大为赞赏，自命为"张三中"。这几句今天看来很平淡的词有什么好的？要知道宋代白话兴盛不久，文言和白话，某种程度上也是"诗"和"词"的分野，能自由出入文言白话，就已经具备了好词人的基本素质，张先正是在做这样的尝试。

他步子迈得不大不小，能自度新曲，也能作慢词，却不像柳永那样奔着大俗话去，更多的时候，他还是和老师晏殊一样，谨守诗歌门户，如"有情无物不双栖，文禽只合常交颈。昼长欢岂定。争如翻作春宵永。日瞳昽，娇柔懒起，帘押残花影"，或是"柔柳摇摇，坠轻絮无影"，这些语句更像是增减字数后重新编码的诗，与自由自在的词尚有点距离。

不过张先因为这几句词而名传当世，"云破月来花弄影""帘押残花影"和"坠轻絮无影"三句最为时人欣赏，宋代有喜欢取外号的风俗，张先也被称为"张三影"。

他写这些"影"有什么用意呢？暗示、故意暗示，以影子的缥缈朦胧喻二八佳人，激发想象，而想象是将实体升华的最佳途径。张三影的"影"，与林逋的"疏影横斜水清浅"绝不相同，清淡中自有浓艳，让听词的人自动进入移情状态，这是张先领先词坛一步的妙处。

五

张使君在渝州工作几年后，又转任安州，在宋代行政序列中，安州为中州，无疑比渝州又进了一步，安州古称安陆，人们也敬称张先为"张安陆"。

与同时代的其他名家相比，张先不仅高寿，精力也过人，这时比他大一岁的范仲淹早已过世，比他小一岁的座师晏殊也已经去世，在中枢活动的主要是韩琦、欧阳修这些四五十岁的壮年人。

以当时的平均寿命来评估，张先算是官场难得的祥瑞级人物，因此很受照顾，他不仅官阶循资升至都官郎中，甚至在近七十岁时还升任虢州刺史。虢州为雄州，较安州高出好几级，只不过宋制七十岁致仕，张先没有前往虢州就任，而是以都官郎中退休归乡。

有晏殊引荐在先，宋祁、欧阳修揄扬在后，张先的声誉今非昔比，宋祁前往拜访张先时，就留下了"红杏枝头春意闹尚书"见"云破月来花弄影郎中"的佳话。

还有故事说，欧阳修最欣赏"不如桃杏，犹解嫁春风"，每每遗憾与张先无缘相见，听说张先来访，喜得倒履相迎，称其为"桃杏嫁春风郎中"。这个故事恐怕有些虚构成分，欧阳修与张先同年中试，就算来往不多，应该也不至于"无缘相见"。

张先致仕后，往来于杭州、湖州之间，他得享长寿，加上享誉词坛的大名，杭州和湖州的地方官员都对他尊重有加。老资格的蔡襄知杭州时，邀约张先一同饮宴游乐，别看蔡襄官至端明殿学士、礼部侍郎，论中进士的时间却比张先还要晚上一届，得恭恭敬敬称张先一声"前辈"。

蔡襄尚且如此，其他后辈官员自不用说。时事如棋局，短短几年间，仁宗崩逝，英宗即位，随后英宗病逝，神宗即位，庙堂之上的韩琦、欧阳修出局，而王安石一路走高，成为当世最有影响力的重臣。

朝堂上的这些变化，微妙地波及了张先，他的儿子张文刚已经与王安石的堂妹成婚，并且跟随王安石学习，是王的"门生"之一，这份偶然得来的姻亲关系，让张先晚景颇不寂寞。

遗憾的是，张文刚在神宗熙宁五年（1072年）就去世了，尚不满三十岁。王安石尽管忙得不可开交，还是为这位妹夫写了一篇简短的墓志铭，其中提到张文刚没能中进士，还留下了三个女儿。与此同时，欧阳修也于颍州去世，天圣年间的风流几乎散尽，接下来赓续词坛文脉的，已经是仁宗后期中进士的新秀了。

八十多岁的张先或许看淡了生死，他照旧出现在官员的酒宴之上，应酬周详。一位叫周韶的杭州营伎恳请知州的允许脱籍，官伎龙靓、胡楚皆前往送行，张先凑了个热闹，给每位官伎作词一首，"青楼宴，靓女荐瑶杯"，"梅花瘦雪梨花雨，心眼未芳菲"这些句子，春心不老的张先信手拈来，眼明心快，很见功底。

时任杭州通判苏轼与这位老前辈的唱和尤为频繁，生性跳脱的苏轼在这位老前辈面前没太讲规矩，听闻八十五岁的张先还在纳妾，他写了一首不太雅致的诗送过去，其中"诗人老去莺莺在，公子归来燕燕忙"一联尤为著名，张先则答以"愁似鳏鱼知夜永，懒同蝴蝶为春忙"，将原本沦为众人笑料的艳闻，往文学上靠拢一步，算是稍稍化解了舆论。

张先高龄买妾之举，多少有些惊世骇俗，但王安石也称其"留连山水住多时，年比冯唐未觉衰。篝火尚能书细字，邮筒还肯寄新诗"，可见确有精力绝伦的一面，八十六岁时，张先还作词以示多情之意：

去年春入芳菲国。
青葱如梅终忍摘。
闲边徒欲说相思，
绿蜡密缄朱粉饰。

归来故苑重寻觅。
花满旧枝心更惜。
鸳鸯从小自相双，
若不多情头不白。

他特别喜欢以鸳鸯入词，年轻时写"双鸳池沼水溶溶"，中年写"沙上并禽池上暝"，至老不忘。

元丰元年（1078年），八十八岁的张先还陪着太子少师赵概和杭州知州赵抃游了一回西湖，他在词中写道："元丰际，德星聚，照江东。"以此恭维赵概、赵抃二人，这也是张先告别世人之作，他于这一年晚些时候逝世。

几年之后，苏轼复官杭州，写了一篇很真诚的祭文，其中特意提到"堂有遗像，室无留嬖。人亡琴废，帐空鹤唳"。那位张先宠爱的姜室，此时也离开了张家，不知所终。

钟情到八十八岁，张先已经是享尽风流，世人记住了他的多情，记住了他对光影的痴迷，记住了他笔下的莺莺燕燕，其实很足够了。

最得意

盛世繁华

晏殊

> 晏殊的词作，
> 在不经意间将小园香径
> 和朱门楼阁这样的
> 富贵气象，凝结成愁。

一

1005年，宋真宗和辽达成澶渊之盟，天下无事，真宗皇帝有大把的闲暇时间来振兴文教。这一年光礼部试就举行了两次，有些考生答题时给出了两份答案，按理是要黜落的，真宗御览之后，也让考官放过，以示国家提拔人才之意。

就在这当儿，一位十四岁的抚州少年参加了进士考试，这个名叫晏殊的孩子诗赋俱佳，真宗大为赞赏，赐予晏殊同进士出身，过了两天又将晏殊召入宫中复试。晏殊看过题目，老老实实汇报说："这题目我前几天做过，恳请换个别的题来写。"如此诚实的态度，真宗喜欢得没话说，考完之后，直接授晏殊秘书省正字，让他进入秘阁读书，还安排同为抚州人的史官陈彭年亲为照看。

实诚的晏殊就此在京城扎下根来，他出身清寒，毫无根底可言，能够自学成才，靠的完全是天分。真宗对这位聪颖的少年臣子十分亲近，南郊大典、封禅泰山等种种大事，都不忘将晏殊带在身边。晏殊先后经历父丧和母丧，在皇帝干预下，他两次都未能终丧。好在宋初礼制清简，要是再晚上半个世纪，如此"夺情"之举，一定会被视为晏殊生命中的污点。

侍从皇帝的好处显而易见，短短十二年间，晏殊已经升到京官七阶的最高一阶。他的工作一直没什么变化，就是在皇家图书馆集贤院担任校理，补校书籍，进献一些歌功颂德的文字，很少踏足京师的繁华世界。

晏殊唯一的遗憾也许是缺钱。京城百物昂贵，居官大不易，每次同事们出去饮宴玩乐，晏殊只能带着弟弟在家读书，真宗皇帝都忍不住好奇："怎么大家都出去玩，唯独没见晏殊出去过？"

晏殊老老实实回答："我不是不爱玩，是没钱，要是有钱，我也会去的。"

诚实是最好的加分项，晏殊旋即进入了升职"快车道"，在让人眼花缭乱的升迁背后，体现的是皇帝毫无保留的信任。

做人还是要老实。

<h2 style="text-align:center">二</h2>

多年以来，真宗一直为子嗣的问题苦恼，后宫生了五个男孩都没能保住，直到他四十二岁这年，皇后刘氏身边一名李姓侍女产下皇子，才算解决了传宗接代的大问题。

小皇子七八岁上，真宗已经年近五旬，顺理成章封小皇子为升王，接着又在群臣催促下册封其为太子。晏殊作为真宗眼中辅佐太子的最佳人选，从升王府记室，一路升为太子舍人、太子左庶子。

为了维护皇权，北宋东宫官员大多是兼职，真宗皇帝就仁宗这根小独苗，看管得更是严格，晏殊身兼东宫官员，并不用天天陪着小太子，他的日常仍然是侍从皇帝，以备顾问。

年近三十岁时，晏殊出任知制诰，负责在舍人院撰写敕书，同时主持集贤院，如此清要的职位，在宋人眼里无比荣耀，有"一佛出世"的美誉。就在晏殊任知制诰不久，一桩和填词有关的活计主动找上门来。

事情是这样的，当时朝廷设宴欢迎一些外国使节，席上都需要奏乐歌唱，教坊司没有专业创作人员，写出来的歌词粗鄙不堪，翰林学士钱惟演听了之后，觉得有失体面，于是上奏说，应该请舍人院的知制诰和馆阁文臣们撰写歌词，展示大宋的高雅文化。真宗皇帝一听有道理，立马答应下来。

和宋初文人士大夫一样，晏殊年轻时以诗文为正宗，对民间流传的曲调看不上眼，他的诗也确实超凡脱俗，"梨花院落溶溶月，柳絮池塘淡淡风"，最称佳句。这种刻在士大夫骨子里的傲气，注定了晏殊的格调，知制诰代天子立言，钱惟演却让他去撰写歌词，这不是摆明了要抹杀士大夫的面子吗？

晏殊激愤之余，与同事群起上奏，引经据典反对钱惟演的倡议，真宗最终同意由教坊司写词章，再交由舍人院把关，晏殊终于维护住了自己的体面。

也许正是朝堂上的这番争执，为落第的词人柳永提供了创作机会，而视填词为雕虫小技的晏殊还没有意识到，一个新的时代已经到来，不管他愿不愿意，都将投身其间，并且引领一代风潮。

三

三十岁这年，晏殊由知制诰更进一步，升为翰林学士。翰林学士出入禁中，为皇帝写重要诏书，称为"词臣"，在当时是极为清要的职务，宋太宗也曾经赞叹说这是份"神仙工作"。

北宋名臣辈出，像晏殊这样一直在馆阁中任职，从未到地方历练过的词臣，大概很少。按照越接近皇帝地位就越重要这条标准，晏殊已经抵达文学侍从之臣的顶阶，只要磨时间、攒资历，进入两府（中书门下和枢密院）就是迟早的事。

此时真宗皇帝身体已经不太好，皇后刘氏揽权，两位大臣寇准和丁谓相互争斗，朝局诡谲多变。晏殊侍从皇帝多年，极为谨慎，小心翼翼地不掺和到任何一方势力当中，一心明哲保身。这份小心谨慎换来的是顺遂平安。宋仁宗即位之后，刘太后垂帘听政，晏殊以东宫旧臣身份再次加官，还兼任皇帝的侍读学士。

官职越来越高，晏殊面对的窘况反而多了起来，刘太后干预起政事来没有太多章法，甚至根本不讲道理。

刘太后早年曾嫁给一名叫龚美的银匠，入宫之后，她假认龚美为兄，龚美也自此改姓刘，称刘美。她将刘美家当作娘家特别照顾，还安排刘家女婿考取官职，为后来的提拔做准备。晏殊正是这场考试的主考官，考到一半，刘太后安排人来催促进度，实际上是逼考官们放水，晏殊迫不得已，干脆替刘家女婿把试卷给做了。

堂堂翰林学士沦落到替外戚作弊，不能不说是晏殊平生一大憾事。

委曲求全并非没有好处，过不多久，刘太后特命晏殊为给事中。1025 年，近三十五岁的晏殊出任枢密副使，成为寇准之后最年轻的两府高官。

二十年间，晏殊的职场之路走得顺畅至极，如此际遇堪称宋代文臣样本。晏殊志得意满之余，开始在一些关键问题上表达自己的主张。

就任枢密副使之后不久，赶上刘太后让宠臣张耆担任枢密使，晏殊对此很是不满，他上疏质疑说，枢密使主管全国军政，是与宰相相当的重臣，张耆这样的庸才，纯粹靠得宠跃居高位，根本不够格。

晏殊身为副使，反对上司人选已经有越权之嫌，何况张耆身份特殊，当初就是他将刘太后"进献"给了真宗，刘太后的反应可想而知。

在一场大型祈雪仪式上，晏殊的随从迟到，他情急之余，拿玉笏撞掉了随从的牙齿。这一"失仪"之举很快遭到御史弹劾，说晏殊"身任辅弼，百僚所法，而忿躁无大臣体"，应该予以惩处。

按照惯例，御前失仪的处罚可大可小，通常也就是象征性处理一下，可刘太后追念前事，免去了晏殊的枢密副使，将他外放至南京应天府任职。因为这么一桩小事遭到责罚，前程陡起波澜，晏殊的心情可想而知。以他谨慎至极的性子，未必会将真实想法写进诗文，只能通过词曲述说一二。

那首著名的《浣溪沙·一曲新词酒一杯》，大概就作于其被贬谪应天府期间：

> 一曲新词酒一杯，
> 去年天气旧亭台。
> 夕阳西下几时回？
> 无可奈何花落去，
> 似曾相识燕归来。
> 小园香径独徘徊。

晏殊没有李煜那样的家国哀思，也不像柳永那样在词中倾注浓情，他的愁绪极淡，淡到几乎无法察觉，在不经意间，将小园香径和亭台楼阁这样的富贵气象凝结成愁，反而产生了一种清新爽口的感觉，尤显意境高远。

"无可奈何花落去，似曾相识燕归来"，对仗极工整，可见晏殊是将写诗的功底带到词作中来了，小令本就去诗歌不远，倚声填词对晏殊这样的高手来说，完全没有难度，或许正是这一次贬谪带来的心境变化，让晏殊对填词别生兴趣。

四

晏殊在应天府只待了一年多，又被召回京师，他先是任御史中丞，其后又改资政殿学士，后又担任三司使，却始终未能官复原职，地位略显尴尬。晏殊要想重回职场上升赛道，必须先赢得刘太后的肯定。

随着仁宗皇帝成年，刘太后的危机感也越来越强，尽管在她的威压之下，仁宗生母李氏都不敢暴露身份，可时移世易，难保不会有人道出真相。刘太后决定借朝会来强化自己的地位，并且指定晏殊来撰写乐章。

十年之前拒绝为教坊司写歌词的晏殊，这一次没有拒绝，朝会大乐系宫廷正乐，算是"经国事业"，晏殊也没有理由推辞。这组大乐一共有十五首诗，开篇是这样的："圣母有子，重光类禋。圣皇事母，感极天人。"

明眼人一看就知道，大乐旨在巩固"圣母"之尊，将皇太后置于皇帝之上，同时向臣民宣告太后和皇帝之间依旧母慈子孝。

开弓就没有回头箭。后来，仁宗生母李氏病逝，在刘太后授意下，晏殊为李氏撰写了志文，他在志文中回避了李氏最关键的身份，只轻描淡写地提到李氏生过一个女儿，并且很早就夭折了。

但刘太后死后，仁宗皇帝很快知道了真相，除了吕夷简之外，几乎所有刘太后时期的大臣都遭到降职，仁宗拿着晏殊手写的李氏志文，恨得咬牙切齿："先后诞育朕躬，殊为侍从，安得不知？"

幸亏吕夷简说了句公道话："晏殊确实有罪，可宫闱事秘，加上刘太后当权，外面就算听到传言也无法证实，假如晏殊当时就明明白白说出来，这事又该如何收场？"

仁宗"默然久之"，还是将晏殊由参知政事外放亳州知州。如果说上一次外放尚且情有可原，那么这一次贬谪，晏殊本人难辞其咎，毕竟在他周围，就有好友范仲淹、妻兄王德用这些不屈从刘太后的骨鲠之臣，在骨气与权势之间，他原本有机会做出更好的选择。

接下来数年，晏殊心绪黯淡，他辗转任官于亳州、陈州，遥望京阙，伤感是自然的，他写的另外一首《浣溪沙·一向年光有限身》，恰好可以为此时的心境作一注解：

一向年光有限身，
等闲离别易销魂。
酒筵歌席莫辞频。

满目山河空念远，
落花风雨更伤春。
不如怜取眼前人。

五

四十多岁的晏殊去国之后，比他年纪还大几岁的柳永方才考上进士，就官运而言，两人之间实在是判若云泥，在填词一道上，柳永开一代先声，晏殊则恪守旧章，以诗入词，同样有造化。

据说这两位现实地位悬殊的词坛高手，曾经有过一次对话。

晏殊带着傲气问柳永说："贤俊也作曲子吗？"

柳永老老实实回答："便如相公一样也作曲子。"

晏殊嘲讽道："我可没写过'针线闲拈伴伊坐'这样的话。"

晏殊言下之意，是不会像柳永那样"低俗"，不过晏词中同样有"淡淡梳妆薄薄衣，天仙模样好容仪""可惜良辰好景、欢娱地，只恁空憔悴"这类句子，只是不多而已。

对于词章气象，晏殊另有见解，他年纪轻轻就身居高位，一生在盛世繁华中度过，无须堆砌华词丽藻，笔下自有风云。《蝶恋花·槛菊愁烟兰泣露》在晏词中最为有名，假如逐字品读，不难发现其中隐藏的细节：

"槛菊愁烟兰泣露，罗幕轻寒，燕子双飞去。明月不谙离恨苦，斜光到晓穿朱户。　　　昨夜西风凋碧树，独上高楼，望尽天涯路。欲寄彩笺兼尺素，山长水阔知何处！"

在讲求礼制的时代，"槛菊""罗幕""朱户""彩笺"都不是普通人家能用的物事，望尽天涯路的高楼，也并非人人可以登临。谨慎而骄傲的晏殊，即便发失意之语，其中也还有得意的成分在，只是寻常不易解读而已。

更何况晏殊还写过"绣户珠帘，日影初长。玉辔金鞍、缭绕沙堤路"。按照宋制，官至三司使、学士、御史中丞，赐"涂金银鞍勒马"；至于不起眼的"沙堤"，那是宰相才有资格使用的专用通道。十七个字，道尽他人无法企及的优越感。

不仅如此，晏殊一转早年风骨，屡为仁宗皇帝写祝寿词，《喜迁莺·风转蕙》就是其中的代表：

风转蕙，露催莲。
莺语尚绵蛮。
尧驱随月欲团圆。
真驭降荷兰。
寨油幕。调清乐。
四海一家同乐。
千官心在玉炉香。
圣寿祝天长。

满纸富贵的晏殊，身兼词人卿相，其实少有"独上高楼，望尽天涯路"的时候。

六

晏殊因依附刘太后而遭贬谪，但他毕竟是当世有名的士大夫，见识卓越，尤其善于选拔人才。他在应天府时，曾邀请范仲淹兴办州学，范仲淹虽然比晏殊年长两岁，却以晏氏门人自命。晏殊还一手提拔了名臣韩琦，择富弼为女婿，而北宋文坛宗主欧阳修，则是晏殊知礼部试选拔出来的门生。

随着这些俊彦登上朝堂，晏殊登上相位是迟早的事。

1038 年，时值西夏李元昊称帝，西北战事频发，晏殊上疏请求罢内侍监军，放宽前线将领的自主权，这些建议悉数为仁宗接受，他其后升任枢密使，参与主持对西夏的战事。庆历二年（1042 年），晏殊加同平章事，正式成为宰相，仍然兼任枢密使。

拜相之后的晏殊还没来得及庆祝，坏消息就不断传来，宋军在西夏前线接连大败，李元昊兵抵渭州，声称"朕欲亲临渭水，直据长安"，身为枢密使的晏殊当然难辞其责。

与此同时，辽国借机逼迫宋朝增加岁贡，前往与辽国谈判的正是晏殊的女婿富弼，富弼与辽国谈好条件，回京征得同意之后再度前往辽国，却在半道上发现紧急送来的誓书有问题，其中缺少三条双方谈好的关键内容，富弼当即肯定，这是被人动了手脚。

富弼大惊失色，返京紧急觐见仁宗，在御前对质时，吕夷简解释说是文件拿错了，晏殊也站出来维护吕夷简，说肯定是搞错了。富弼大怒，当着皇帝的面骂晏殊奸邪，说他"党夷简以欺陛下"。

翁婿之间为国事闹到这种程度，晏殊这个宰相当得怪没意思的。

晏殊与富弼等人的分歧还不止于此，在随后由范仲淹等人主持的"庆历新政"中，晏殊仍然本着一贯的小心谨慎，与范仲淹、韩琦、富弼、欧阳修众人拉开距离。以至于后来在欧阳修等人语焉不详的追述中，仍然对晏殊这段时间的无所作为充满遗憾。

"庆历四年春，滕子京谪守巴陵郡"，此后范仲淹、韩琦、富弼、欧阳修等人陆续离京，新政宣告失败。到了这年秋天，吕夷简病故，晏殊上下都失去依仗，在谏官攻击下罢相，出知颍州。

晏殊晚年，在一片太平声中出镇名藩，"银簧调脆管，琼柱拨清弦。捧觥船。一声声、齐唱太平年"，就是他生活的真实写照。

他一生聪明至极，也幸运至极，神童起家，少年进士，官至宰相，爵至国公，无一处不圆满，无一处不如意，就连谥号都是"元献"二字，意思还是夸他聪明。

偏偏人们最记得他所写的"独上高楼，望尽天涯路"，真是造化弄人。

一句话
写尽春天

宋祁

"红杏枝头春意闹"的下一句，
是"浮生长恨欢娱少"，
文学家宋祁的"EMO"源自何处？

一

唐人喜欢牡丹，觉得牡丹国色天香，宋人却喜欢杏花。"小楼一夜听春雨，深巷明朝卖杏花""春色满园关不住，一枝红杏出墙来"，都是脍炙人口的名句，就连皇帝赵构也格外喜欢"客子光阴诗卷里，杏花消息雨声中"，可见一朝之风尚。

以杏花报春，这个创意来自宋祁，一句"红杏枝头春意闹"，就给整个宋代的春天定了基调，王国维如此评价："着一闹字而境界全出。"

宋祁的境界一部分来自早年的苦读，他与哥哥宋庠堪称仁宗时期的"双子星"，有他们在，文坛就不寂寞。

二

宋氏兄弟母亲早逝，父亲宋玘任官荆南，续娶安陆朱氏，等到宋玘亡故之后，兄弟俩只能依靠朱氏生活，困窘之状自不待言。他们在官学中吃白虀拌饭，冬至节来了客人，只能从家里的宝剑剑鞘上抠下点银子来待客，就这样，兄弟俩还过得乐呵呵的。

对宋家兄弟来说，1024年注定是不平凡的一年。这年二月，二十八岁的宋庠和二十六岁的宋祁赴京师赶考，在礼部试环节，宋祁考中第三名，结果刘太后拿着拟录取名单一看，说不能这样，哥哥怎么能落在弟弟后面呢？于是取宋庠为第一名，宋祁改为第十名。

就这样，在宋祁的衬托下，宋庠考了个状元。宋祁后来的职场人生，就如同这次考试一样，始终要让哥哥一头，这对宋祁来说，既是荣耀，也是遗憾。

这年考试的考官之一是翰林学士晏殊，兄弟俩就此拜在晏殊门下。与宋氏兄弟同时上榜的还有榜眼叶清臣和探花郑戬。

宋氏兄弟俩一个状元，一个第十名，授官时区别就大了，宋庠官授大理评事、通判襄州，起步就是京官中阶，职务为一州之佐贰，宋祁却就任复州军事推官，这意味着他要在选人行列里多摸爬滚打些时日。

宋代昭文馆、史馆、集贤院和秘阁等为国家储才之地，从选人或初阶京官考取馆职，是文臣晋升的捷径。状元宋庠顺利进入馆阁，任职直史馆，他在京师广为拓展人脉，为弟弟找到了一位很权威的推荐人：仁宗的老师、翰林侍读学士孙奭。经过孙奭荐举，宋祁顺利从复州入京，升为大理寺丞、国子监直讲。

明道元年（1032 年），宋仁宗亲自选拔馆阁才士，近三十五岁的宋祁顺利考入馆阁，岗位是直史馆，紧赶慢赶，终于赶上了哥哥宋庠的步伐。

宋祁入馆阁之后，正逢宋仁宗大兴礼乐，开设了"修订乐书所"，集中多名官员、乐工校订钟律，厘定新国乐。仁宗亲自领衔制造乐器、编写乐曲，宋祁也以太常博士、直史馆的身份，参与到这个国家级音乐项目中来。

《景祐广乐记》修成之后，参与编撰的人员都获得升迁，宋祁也升任刑部员外郎，同判礼院。此后很长一段时间，宋祁潜心于礼乐，景祐年间有名的大事，他一件都没参与。其间宋祁曾有机会升为"起居注"，也就是伴随皇帝左右，记录皇帝言行，但是因为他父亲名"玘"，与"起居注"的"起"字同音，为了避家讳，宋祁拒绝了这次任职。

宋祁参与厘定国乐，就得跟精通乐律的专业人士打交道，几年下来，宋祁自己也成了这方面的专家。也许是因为工作原因，他与精通声律的词人柳永有过交往，他诗中有一首是《送睦州柳从事》，应该就是写给柳永的：

新曲遍鹍弦。
不防宾弁侧，
怀乡玉脸天。
别思瑶华岸，
鹳翅迁赐绶，
鸡竿赴归船。
从军十部贤。
唱第千人俊，

"从事"是对州府幕僚官的称谓，柳永中举后，授官睦州团练使推官，恰可称从事。细玩诗意，与柳永的生平正相吻合。

柳永于景祐元年考中进士，这一年登第人数爆棚，诗中"唱第千人俊"一语，说的就是这回事。

团练使推官本为军事而设，是谓"从军"。"十部乐"为唐朝宫廷雅乐，意在鼓吹柳永音律上的造诣。中间两联诗，意指柳永中举后授官睦州，正在其家乡的方向，"不防宾弁侧，新曲遍鹍弦"更是称赞柳永擅长作新曲，能广为流传。

宋祁对柳永的赞许，多与音律相关，特别是其中提到"十部乐"，这在民间是不怎么用得上的，很可能是柳永协助宋祁完善了国乐。

柳永因填词而闻名天下，宋祁给他送行所作的却是标准五言诗，说明当时士大夫重诗轻词的习惯一时半会儿还没变过来。不过身处京师这样的繁华之所，又与天下一流的乐工共事，宋祁有的是机会引导潮流，填词这种活，对于饱读诗书的他来说，简直手到擒来。

宋祁早年和老师晏殊一样，以诗入词，从《鹧鸪天·画毂雕鞍狭路逢》中可以很明白地看出来：

> 画毂雕鞍狭路逢，
> 一声肠断绣帘中。
> 身无彩凤双飞翼，
> 心有灵犀一点通。
>
> 金作屋，玉为笼，
> 车如流水马游龙。
> 刘郎已恨蓬山远，
> 更隔蓬山几万重。

词中采撷李商隐的名句为己用，多少有些取巧的意思，也看得出来有些泥古不化的痕迹，这是诗人刚开始转型填词时常有的习惯。

有一个故事说，这首词是宋祁思慕宫女之作，词传入禁中，宋仁宗干脆将这个宫女送给了他。这种小说家言实不可信，历朝历代，外臣与宫中私通都是大忌，宋祁身为天子侍从之臣，哪敢将一个洞悉宫中情事的女子带回家，这在当时是完全不允许的。

三

1039 年，宋家迎来了一件大喜事，宋庠从翰林学士、刑部员外郎、知制诰升谏议大夫、参知政事，成为副宰相。

宋祁跟在兄长后面，他此时本官也是刑部员外郎，馆职为直史馆，资历也攒够了，按理应该填补宋庠的空缺升任知制诰，但知制诰隶属中书门下，每天和宰执打交道，基于职场回避原则，兄弟俩不可能同时在这里任职，宋祁因此升天章阁待制，仍旧同判太常礼院。

此后，宋祁还参与管理财政事宜。正逢西北战事，朝廷经费严重不足，宋祁提出了著名的"三冗"问题，他认为天下"冗官、冗兵、冗僧道"，导致财政吃紧，应该去三冗、节三费，让经济恢复正常。

"三冗"这个概念，成为概括北宋制度弊病的术语，后来几乎每一场重要变革都会提到这个名词，足可见宋祁眼光之毒辣，用词之精准。

十五年时间，兄弟两人从进士起家，一位成为副相，一位荣升待制，职场上升的势头完全不在老师晏殊之下。只不过他们骤升高位，经验上仍然比不过那些职场老狐狸，两年之后，宋庠就被宰相吕夷简套路了一回，宋祁也跟着被降职。

原来天圣二年（1024 年）的那一拨进士运气都不错，

状元宋庠任参知政事，榜眼叶清臣任三司使，探花郑戬任枢密副使，个个位高权重，而且因为同年之谊关系亲密。宋祁与他们合称"天圣四友"，与吕夷简及朝堂上的其他派系拉开距离。吕夷简见后生可畏，就想找个机会将他们打压下去。

恰巧这时范仲淹与李元昊私自通使，又烧掉了李元昊的书信，吕夷简故意跟宋庠说道："人臣无外交，希文怎么可以这样做？"宋庠猜想吕夷简要对范下狠手，就在御前议事时，骤然说出了"范仲淹可斩"这样的重话。不承想吕夷简跟没事人一样，当着皇帝的面表示，象征性惩罚一下范仲淹就行了，仁宗皇帝也不想寒了众将士的心，采纳了吕夷简的"建议"。

宋庠要"斩"范仲淹的消息一出，舆论哗然，弄得宋庠里外不是人，他就这样让吕夷简给卖了。宋庠降职之后，他的"朋党"叶清臣、郑戬同时被贬职，宋祁作为宋庠的弟弟，更是逃不过被贬出京师的命运，先后出知寿州和陈州。

不过仁宗时朝局宽松，贬官大多是象征性的，过不多久，宋祁回到朝中任知制诰，其后又升翰林学士，正式成为"词臣"。

宋氏兄弟这一荣俱荣、一损俱损的势头，倒是一直延续了下来。其后宋庠再任参知政事，宋祁则解去翰林学士，宋庠改任枢密使，宋祁又回到翰林学士任上。

四

宋祁再任翰林学士时，遇上一件糟心事。1048年，四名守卫崇政殿的卫士叛乱，差点威胁到仁宗皇帝，仁宗宠信的婉容张氏因护卫有功，进位贵妃。赶上宋祁在学士院值班，负责撰写册封贵妃的册书，因为册封贵妃的典礼很少举行过，宋祁不熟悉流程，他傻乎乎地去问同事李淑该怎么处理。

李淑为人倾险，当初宋庠本名宋郊，他就在仁宗跟前进谗言，说"宋是受命之号，郊同交字，这名字不吉利"，逼得宋郊改名宋庠。这会儿见宋祁过来问流程，李淑故意告诉宋祁，只要盖上大印，送进宫去就可以了。

宋祁也没想太多，写完两百来字的册书，按照李淑所说的盖上大印，径直送到了张贵妃手里。这边张贵妃欢天喜地等着册封典礼，见宋祁省略了所有程序，直接将册书送进来，大怒道："什么学士，竟然这样看不起我！"

就这样，宋祁因为工作失误从翰林学士被贬知许州。其后不久，宋祁回到京师任侍读学士，再升给事中兼龙图阁学士。这时，宋庠已经官拜同中书门下平章事，正式出任宰相。兄弟两人没来得及高兴，京师又发生了一起与张贵妃相关联的案子，将他们一并牵扯了进去。

原来张贵妃之母越国夫人有个门客叫张彦方，仗着张家权势招摇撞骗，甚至伪造敕书卖官，案发之后，张彦方被处死。朝廷一调查，宋祁的儿子平日里跟张彦方交游过，这么一牵连下来，宋祁也被罢职，贬知亳州。

按照当时的习惯，宋祁的儿子，宋庠也有责任帮着管教，因此谏官连宋庠一并弹劾，说他管教子弟不严，平时为官也无所建树，宋庠也因此被罢职。

领头弹劾宋庠的监察御史，正是大名鼎鼎的包拯。

算起来，宋家兄弟俩起起落落多次，也没有当真落到不堪的地步，这正是宋仁宗时期职场的特色，琐碎之事就可以牵连全家，人事纠葛复杂到了矫情的程度，也不知道浪费了当事人多少时间精力。

宋祁在亳州任上，皇帝也没忘记他的专长，特意嘱咐他不要忘了修《唐书》。

有唐一代的史书，是五代时期修订的，也就是二十四史中的《旧唐书》，宋仁宗读过之后，觉得太过芜杂，不够精练，因此让史官重新编撰一部《唐书》，宋祁是主编者之一。他负责撰写列传部分，卷帙浩繁，他这一写就是十多年。

宋人用夸张的笔调，描述宋祁撰写唐书的场景，说他每天退宾客之后，打开房门，放下帘幕，燃起两根巨大的蜡烛，命侍女在旁磨墨铺纸，他则开始动笔撰写，远近之人都知道这是宋祁开始修《唐书》了。

这部新修的唐代史书，经欧阳修等人一同增补完成，称为《新唐书》。宋祁编撰的列传部分，补足了旧史遗落的很多人物，文字精练，与《旧唐书》各擅胜场。

五

宋庠后来再任宰相，宋祁不能入两府跟兄长争位子，只能在定州和益州盘桓了好几年。久居高位之后，这位曾经的清寒少年，日渐沉迷于荣华富贵。宋祁家中姬妾众多，有十六个儿子，家大业大，开销就不可能太小，在定州任上，宋祁纵容家人借贷公使钱数千贯，到了繁华的益州，更是奢侈过度，屡遭人诟病。

他生性好客，经常"会宾于广厦，中外设重幕，内列宝炬，百味俱备，歌舞俳优相继，观者忘疲"。宋庠对弟弟如此奢侈也有些看不惯，特意托人提醒宋祁："你还记得当初我们读书的时候，用白蘘下饭的苦日子吗？"

宋祁的回答着实有些忘本："当初白蘘下饭，可不就是为了今天能够享受富贵？"

如此作为，自然给宋祁的职场生涯增添了阻碍，他从益州调回京师时，朝廷有意让他出任三司使主管财政，包拯等人反复上奏，将宋祁在定州、益州的过失一一列举出来，宋祁就此与三司使之位失之交臂。

直到《新唐书》修成之后，宋祁因修史有功，方才进位工部尚书。宋代前期，尚书省纯属虚置，并不实际管理事务，只是尚书这一官阶相当难得，通常只有宰执大臣才有望进迁。比如范仲淹虽然出任过参知政事，最终官阶也不过户部侍郎，宋祁因修史迁官尚书，可谓难得的荣耀。

晚年宋祁仍保持着的书生本色，只有勤学不倦。他终身以晏殊为师，师徒二人个性极为相似：明俊聪颖，居高自赏，和时局若即若离，走的纯属文词之臣一途，境遇也颇为相像。

直到五十多岁，宋祁还像青年时一样，对晏殊毕恭毕敬。他写了一首诗，其中有一联"白雪久残梁复道，黄头闲守汉楼船"，宋祁拿捏不准用"闲"字还是用"空"字，特意向晏殊请教："二字未定，更望指示。"晏殊回复说，用"空"字更好，这样能体现出船只空而不用的意味，而且语意更激昂。

两位大宋最聪明的读书人，到了白首之年，还有闲心余力来探讨诗中用词，如此风流景象，足以让人忘却他们在职场上的白璧微瑕。

日暮西山之年，座上客常满，樽中酒不空的宋祁，写下了《玉楼春·春景》：

东城渐觉风光好，
縠皱波纹迎客棹。
绿杨烟外晓寒轻，
红杏枝头春意闹。
浮生长恨欢娱少，
肯爱千金轻一笑。
为君持酒劝斜阳，
且向花间留晚照。

通常人们在晚景之时都感凄凉，唯独宋祁不一样，这首词读不出任何近黄昏的寂寥，字字饱满，字字风情。春光旖旎，一掷千金的宋祁劝酒花间，绿杨红杏，生意盎然，验证了那句"男人至死是少年"。

现在我们知道了，"红杏枝头春意闹"，"闹"字之所以境界全出，正在于宋祁积数十年功力捶字、炼字。他并不因词为"诗余"，就当作游戏之作轻轻放过，而是日复一日纠结，最后从炫目繁华里悟出一个"闹"字来，于是满盘皆活。

宋祁一生写过无数文章，流传至今的文集仍有六十二卷之多，但他的诗文都还静静躺在《四库全书》里，少有人去翻阅打扰，世人记得的唯有这句"红杏枝头春意闹"，他也因此被唤作"红杏尚书"。

古来圣贤皆寂寞，其实没人知道，宋祁花了一辈子时间，才举重若轻地用一个"闹"字，写尽整个春天。

翰林
风月三千首

欧阳修

一代文宗欧阳修的词作，

与他沧桑骨鲠的诗文迥然有别，

"月上柳梢头，人约黄昏后"，

是人间最古老的情深。

一

1036 年夏天，近三十岁的欧阳修给前辈高若讷写了一封信，痛斥其"不复知人间有羞耻事"，如此辱骂搁在谁身上都不好受，何况高若讷任职右司谏，是朝堂上响当当的人物。高若讷一怒之下，将信上交给朝廷处理，谁也没想到，这篇文章《与高司谏书》后来广为流传，成为欧文中的名作。

欧阳修之所以骂高若讷，是因为范仲淹与宰相吕夷简起了冲突，在欧阳修看来，高若讷身为谏官，不仅没帮着范仲淹说话，还到处批驳范的错失，这完全不能容忍。

按现代人的观点，各人立场不同，看法有别，原本可以理解，只要高氏没有落井下石，就算不上阴刻。可欧阳修不这么想，他对范仲淹极为服膺，旁人眼中的意气之争，于他而言却是君子小人的分界。

高若讷把信一上交，欧阳修理所当然被视为范仲淹"朋党"，从馆阁校勘被贬为夷陵县令。

二

风水轮流转，数年之后，西夏李元昊称帝，范仲淹临危受命镇抚陕西，范当即举荐欧阳修为掌书记，兵戎之事历来是升官的捷径，欧阳修拒绝了这番好意，回朝继续任馆阁校勘。

待战事稍定，仁宗皇帝也知道国力衰弱，连个西夏都打不过，有意任用杜衍、范仲淹、韩琦、富弼诸人开启一场变革，这就是著名的"庆历新政"。在大臣们交章推荐下，欧阳修升任知谏院，成为有资格风闻言事的谏官。

主持庆历新政的几位关键人物，不仅志向相同，家庭背景也有相似之处：杜衍和范仲淹幼时随寡母再嫁，韩琦系其父与婢女所生，欧阳修由寡母一手带大。在当时的社会环境之下，他们因出身而遭受歧视，几乎是必然的事。惟其如此，他们仅凭个人才干，从千万人中脱颖而出，难免个性中自带凛冽一面，少圆滑而多倔强，与讲求资历的官场自是格格不入。

庆历新政的大部分主张都落在人事变革上，这也是最容易得罪人的地方，官员们再度攻击范仲淹一系为"朋党"，欧阳修不甘示弱，洋洋洒洒写下《朋党论》，进呈给仁宗皇帝，引经据典论证说：君子恪守名节，以同道为朋；而小人以同利为朋，不可能长久。

言下之意，范仲淹等人是君子，而反对范仲淹的便是小人。谁能够裁定君子小人呢？欧阳修将这顶高帽子抛给了皇帝本人。

从学术角度说，欧阳修这篇文章几乎没有漏洞，一举打破了"朋党"迷思，然而高妙的言辞，改变不了新政根基不稳、操之过急的真实状态。唯一有资格判定君子小人的仁宗皇帝，意志也谈不上多坚定，仅仅一年多时间，范仲淹等人便先后出局，所谓庆历新政无疾而终。

作为局中人之一，欧阳修也在擢升知制诰以后，授官河北都转运按察使，这实质上是让他远离朝堂，但他仍然不知趣地上疏，呼吁皇帝将范仲淹召回京师任职，这一下惹恼了竞争对手，明枪暗箭直奔欧阳修而来。

正当欧阳修外任之时，开封府冒出了一桩案子，已婚女子张氏与奴仆发生私情，这在当时属于刑事案件，因此张氏被捉拿入狱。权知开封府事杨日严查案之时，发现张氏来历不简单，她既是欧阳修的外甥女，又嫁给了欧阳修的族侄欧阳晟。杨日严曾经被欧阳修弹劾过，一直耿耿于怀，见此良机，顿时起了别生枝节的心思。

杨日严安排狱吏带话给张氏，让她攀咬欧阳修。与此同时，他将这桩消息放出风去，谏官钱明逸趁机弹劾欧阳修与张氏有私情，并且贪图张氏财物。据说为了坐实案情，钱明逸还引用了欧阳修的一首词作《望江南·江南柳》：

何况到如今。
怎时相见早留心。
阶上簸钱阶下走，
十四五，闲抱琵琶寻。
留著待春深。
莺嫌枝嫩不胜吟。
人为丝轻那忍折，
江南柳，叶小未成阴。

张氏实为欧阳修妹妹的继女，其父去世得早，从小在欧阳家长大，后来又与欧阳家联姻，关系着实紧密。杨日严等人选择这起案件做切入口，用意不言自明，就算查证出欧阳修是无辜的，由此产生的负面影响，也足以摧毁他的公众形象。

这种泼脏水的做法颇有成效，尽管奉诏查案的官员苏安世顶住压力，证实了欧阳修无罪，朝中当权的宰执还是不死心，最终以"财物不明"为由，将欧阳修贬官滁州。

三

和贬官本身相比，案情之外的羞辱更让欧阳修无能为力，开封向来是小道消息的生发之地，有心人一放风，民间就遍布流言蜚语，谁也改变不了这种局面。张氏一案被众人称作"盗甥案"，身处嫌疑之地的欧阳修百口莫辩，更不用说阻止别有用心的污名化。

年末四十的欧阳修经此一役，终于洞悉职场对手的狠辣，他在名作《醉翁亭记》中自称醉翁，开头一句"环滁皆山也"，与其说是写景，不如说是写身处十面埋伏中的黯淡心境。

人们心知肚明，这桩事并不单是针对欧阳修，而是意在沛公，想对范仲淹、韩琦等庆历诸君子来一次没有底线的阻击。在接下来的十年时间里，杜衍被迫致仕，范仲淹病逝，年岁较小的韩琦、富弼和欧阳修则始终得不到回中枢任职的机会。

沉潜于命运坎坷之间，欧阳修的诗文由从前的明快激昂，一变为峰峦往复。他青年时多作艳词，文字不离花间体主旨，《望江南·江南柳》一词之所以被人恶意解读，也是因为言辞多关乎风月，这类情爱戏谑之词，在同时代的柳永、张先那里实属平常，连晏殊也多有涉及，欧阳修不过是遵循一时之好尚而已，他早年词作概莫能外：

"尊前拟把归期说，欲语春容先惨咽。人生自是有情痴，此恨不关风与月。　　离歌且莫翻新阕，一曲能教肠寸结。直须看尽洛城花，始共春风容易别。"

欧阳修于填词一道，更注重文辞而非曲调，最有名的《蝶恋花·庭院深深深几许》，就以文辞见长：

庭院深深深几许？
杨柳堆烟，帘幕无重数。
玉勒雕鞍游冶处，
楼高不见章台路。
雨横风狂三月暮。
门掩黄昏，无计留春住。
泪眼问花花不语，
乱红飞过秋千去。

这首词没有刻意迎合大众口味，庄重雅致，偏偏耐人寻味，在情与景、虚与实之间微妙变幻，只字不提期待，不提惆怅，甚至连宋词中常见的（也是拙劣的）暗示都不曾有，就将情境铺陈得清清楚楚。

欧词善用叠字增强节奏感，以回文反复的方式造境，言有尽而意无穷，曲折回环，打通实景空间与虚拟空间，将意象延伸至无限远处，这种向内生发的功力，展示的正是欧阳修的绝妙之处。

他所作《踏莎行·候馆梅残》一词，与晏殊的名句"独上高楼，望尽天涯路。欲寄彩笺兼尺素，山长水阔知何处"意趣景致相似，画卷展开却更见深远：

候馆梅残，溪桥柳细，
草薰风暖摇征辔。
离愁渐远渐无穷，
迢迢不断如春水。

寸寸柔肠，盈盈粉泪，
楼高莫近危阑倚。
平芜尽处是春山，
行人更在春山外。

与欧词一样，欧阳修的人生也是曲折回环，愈往后愈见佳处。在地方任职十余年后，欧阳修顶着一头白发回到京师觐见皇帝，仁宗见着这位比自己还大三岁的"老臣"，心生怜悯，当即决定将欧阳修留在京师任官。

朝堂上敌视欧阳修的人仍不在少数，他们想将欧阳修除之而后快，只不过仁宗皇帝已经拿定主意，要为日趋油滑的中枢注入新鲜血液，他安排欧阳修担任翰林学士，这位当世最符合"学士"要求的学者，终于回到了最合适的位置上。

四

大宋人才一茬接一茬，欧阳修离京十年，当初交恶的大臣们渐次离席，朝堂上又涌现了一批新生力量，小一辈的司马光、吴育等人脱颖而出，欧阳修这些庆历年间的老骨干显得有些势单力薄。通过"衡文"的方式积蓄资源，培育新人，成为欧阳修的工作重点。

嘉祐二年（1057年）正月，欧阳修以翰林学士身份主持当年的礼部贡举，他放出话去，要痛改时风，作文追求怪、险的一律不要。这等于临时宣布改变录取标准，由此引发了一场风波，没有中举的考生围在欧阳修家门口大吵大闹，有人还搬出"盗甥案"来讽刺欧阳修，最后朝廷不得不妥协，规定凡是参加了殿试的，一个都不黜落，这才避免了事态恶化。

这一年进士榜单能人之多，堪称空前绝后。状元章衡及其族叔章惇，曾巩、曾布、曾牟、曾阜兄弟，苏轼、苏辙兄弟，理学家张载、程颢、朱光庭、吕大钧，还有黄庭坚的祖父黄湜，加上后来官至宰辅的王韶、林希、吕惠卿、梁焘、郑雍、蒋之奇等，光是与这些人的师生情分，就足以成就欧阳修一代文宗的美名。

随着欧阳修的至交富弼、韩琦先后登上相位，嘉祐一朝的权力格局基本确定，在韩、富二人的援引下，欧阳修顺利进入升职"快车道"。他此时的官场竞争对手之一，是赫赫有名的"包青天"包拯。

包拯比欧阳修要大上七八岁，官场资历不相上下。嘉祐三年（1058年）六月，包拯从权知开封府就调任御史中丞，欧阳修接任包拯出知开封府。

按惯例，枢密副使通常从知开封府、三司使和御史中丞中递升，欧阳修与包拯之间就起了较劲的心思。

包拯治理开封以严直著称，欧阳修上任后，立马改变了原有的政务风格。此后，包拯弹劾时任三司使张方平，欧阳修则弹劾包拯，步步紧逼。直到嘉祐五年（1060年），欧阳修先包拯一步升为枢密副使，成为两府要员，他们之间的竞争局面才宣告终结。

在人们熟知的文学家身份而外，随着欧阳修职位越高，他介入政事的程度也越深。嘉祐六年（1061年），韩琦升任首相，欧阳修顺利成为参知政事，自此之后，作为政事堂中的公开搭档，欧阳修与韩琦这一对组合持续了好几年。

宋仁宗去世后，其养子英宗即位，英宗年纪虽轻，身体状态却很差，而且与其养母曹太后关系恶劣，韩琦以首相之尊调和两宫，这才勉强维持住了局面。

英宗在位期间，想要尊崇亲生父亲濮安懿王为"皇考"，可从儒家礼制上说，英宗继承的是仁宗的皇位，只能认仁宗为父，他尊崇生父之举，不仅与礼制相悖，还加剧了与曹太后之间的紧张关系。身为宰辅大臣，韩琦与欧阳修赞同尊崇濮安懿王为皇考的做法，而司马光等台谏官员则明确反对，双方爆发了一场旷日持久的争论。

在几乎贯穿英宗朝首尾的"濮议"中，欧阳修发挥的作用极大，他学识渊博，引经据典力折群臣，又为韩琦出谋划策，最终赢得了局面。可是在年轻一辈看来，欧阳修不顾祖宗之法，为了迎合皇权不择手段，已经站在了公义的对立面，台谏官员们弹劾欧阳修"首开邪议，妄引经据，以枉道悦人主，以近利负先帝……政典之所不赦，人神之所共弃"。

如此激烈的抨击，与欧阳修年轻时痛斥高若讷几乎如出一辙了。

五

欧阳修与韩琦定下濮议之策，明面上满足了英宗的要求，可也留下了莫大的隐患。英宗病逝之后，二十岁的神宗即位，欧阳修官阶刚刚升为尚书左丞，就又迎来了一波弹劾。

神宗年少聪颖，他不愿意像父亲那样将朝政事务拱手让给韩琦，于是提拔潜邸旧臣王陶为御史中丞，王陶深知韩琦威望极高，不好贸然下手，就把矛头对准了欧阳修。

说来也巧，在英宗的祭奠仪式上，欧阳修或许忙晕了头，直接在平日穿的紫色官服上套了一件丧服，御史刘庠当即弹劾欧阳修，神宗却轻描淡写揭过此事。紧接着，另一位御史蒋之奇竟然弹劾欧阳修与儿媳吴氏有私情，消息传出，舆论哗然。

原来，欧阳修的妻弟薛良孺犯事罢官，本来有机会赦免，欧阳修为了体现公正，仍然将薛良孺免官，薛氏一怒之下毁谤欧阳修，而蒋之奇的弹劾，正是由此而发。

说起来，蒋之奇不仅是嘉祐二年的进士，还是欧阳修一手提拔起来的，他这番操作，与当年的钱明逸弹劾欧阳修"盗甥"如出一辙，都是通过难以查证的家庭隐私制造污名，给当事人造成巨大的舆论压力，使其知难而退。

有意思的是，蒋之奇为了显示自己无偏无私，还顺手弹劾了一把钱明逸，称其陷害庆历诸君子，实属"奸邪"，将钱明逸也拉下了马。

遭遇弹劾之后，欧阳修当即退居私第，他激愤难平，连上奏札为自己辩护，要求澄清冤屈，并且请求外放亳州，以示退让。神宗一面将蒋之奇等人贬官，顺势同意了欧阳修的请辞，过不多久又将首相韩琦罢免，成功将这对搭档踢出了朝堂。

这一年，欧阳修正好六十岁。

算下来，三十年间，欧阳修以名节自守，高标风格，对手偏偏瞄准了这一点来攻击，招数之阴狠，令人触目惊心，聪颖如他，也难以寻找到合适的方式来保护自己，在皇权与相权的摩擦之中，欧阳修的名声一再成了牺牲品。

晚年的欧阳修彻底断了攀上相位的心思，几乎不再介入朝廷大政的讨论。熙宁四年（1071 年），欧阳修早早地致仕退休，隐居颍州，他在《采桑子·平生为爱西湖好》中自顾平生，做了一个并不颓唐的总结：

平生为爱西湖好，
来拥朱轮。
富贵浮云，
俯仰流年二十春。

归来恰似辽东鹤，
城郭人民，
触目皆新，
谁识当年旧主人？

不久之后，欧阳修在颍州寂寞去世，庙堂之上的宋神宗对这位三朝元老一直很冷淡，还是在大臣的提醒下，才勉强给出了一个"文忠"的谥号。

与所有宋朝士大夫一样，欧阳修终其一生都对政事充满热切之意，不过他真正的成就，始终在政事之外，醉翁之意既不在酒，现实中的谣诼，也就动摇不了他的旷世文名。

在传统的骈文铺天盖地之际，是欧阳修敏锐觉察到散文的价值所在，他有意识地将这种古老文体重新拾回台面，在斥骂高若讷的书信中，在写给宋仁宗的政论中，在贬官后所作的《醉翁亭记》中，乃至在固定格式的官方文件中，欧阳修刻意控制辞藻，平实说理，受骈偶修辞约束几百年之久的文字，次第解开束缚，重获自由。

如此脱离了桎梏的文字，才足以承载住欧阳修酣畅淋漓的个性，才足以书写那个不拘一格的北宋。

吏部文章
二百年

王安石

北宋神宗时期的重臣王安石，
以力挽狂澜的改革著称，
他打破的，
不止愁绪。

一

对王安石来说，熙宁元年（1068 年）
是个好年份。这年他奉诏入京就任翰林学士，
途经瓜洲时，正值皓月当空，既紧张又充满
期待的王安石写下著名的《泊船瓜洲》：

"京口瓜洲一水间，钟山只隔数重山。
春风又绿江南岸，明月何时照我还。"

瓜洲在长江北岸，距离江宁府的钟山其
实有数百里之遥，诗人夸张之语不必当真，
但王安石此行意义重大，翰林学士为天子
近臣，距离宰相之位"只隔数重山"，近
四十八岁的王安石这一"上岸"，前景自不
待言。

和同时代的官员相比，王安石早年以淡泊名利著称，曾屡屡拒绝朝廷征召，情愿辗转地方任职，这在一心进馆阁、登翰苑、入两府的士大夫群体中实属少见。有人说他矫情，也有人认为他有大才，盼着他早日登上相位，无论如何，能够沉心静气把握住人生的选择权，王安石已经胜出同侪许多。

二

四月四日这天，王安石觐见了神宗皇帝，君臣之间第一次见面，神宗就表达了对王安石的极高期待，年轻的皇帝急切地问王安石，应该怎样治理国家，还拿唐太宗做案例，希望王安石给出一个高标准的回答。

王安石当即表示，唐太宗根本算不上什么好榜样，应该以尧舜为法，行圣人之道。这答案着实震惊了神宗一把，在他的认知里，唐太宗廓清天下，远夷率服，虚怀纳谏，建立不世功业，已经是君王楷模，现在王安石让他跳过唐太宗直接学尧舜，无异于将千秋梦想直接搬到现实当中。

此时大宋立国已逾百年，国家弊病丛出，财政空虚，公私困竭，当初宋祁提出来的"三冗三费"更为严重。积贫必然积弱，就在英宗重病期间，西夏攻打大顺城，宰相韩琦、枢密使文彦博束手无策，连反击的勇气都没有，最终只能选择息事宁人。

看起来，百年大宋除了变法别无出路。

至于法怎么变，朝堂之上的老中青三代各有看法。老一辈的韩琦、富弼是庆历新政的当事人，他们深知积重难返，捂住盘子已经相当不易，对变法相当没信心；中年朝臣中呼声最高的是司马光和王安石，司马光的方案是保守疗法，建议朝廷搏节度日，减少不必要的开支，同时整顿人事，慢慢调理；青年一代普遍倾向于雷霆手段，苏辙是其中的代表之一，不过他们对政事的了解浮于表面，提出的建议既不实在，也不会当真有人听。

王安石提出了一整套方案，先是树起学先王之道的目标，然后理财以充国用、兴学校以养士，兴修水利、减轻徭役、训练士卒、精选将帅……针对性强，目标明确，关键是具备可操作性，对于勇气可嘉而又经验不足的神宗来说，这就是一整套迈向尧舜之道的教科书。

君臣两人一拍即合，第二年春天，王安石由翰林学士超擢参知政事，后世称为"王安石变法"的熙宁变法，渐次拉开序幕。

变法不是件简单的事，北宋前期，有惩于唐末五代之弊，在机构设计方面讲究相互制衡，政事堂负责政务，枢密院负责军务，台谏官员负责监察，三司使负责财政，各司其职。就拿政事堂来说，宰相与参知政事一共五个人，只有在形成相对多数人赞成的情况下，才能形成决议，这就有效防止了大臣专权。

在神宗支持下，王安石绕过两府三司，另行设立"制置三司条例司"，先从财政抓起，将一连串新法推向全国。

新法带着浓厚的王安石个人风格，他年轻时在鄞县兴修水利获得成功，就推出了农田水利法。他借鉴唐代刘晏的经验，实施常平制度，在地方上设置常平仓，买贱卖贵，平抑物价，向百姓发放专项贷款，收获时节再连本带利收回来，是为青苗法。

仅从新法的设计初衷来看，王安石确实经过了深刻思考，不过他面对的是一个有两百多个军州、丁口达数千万的大国，新法在几个月时间内仓促出台，带有浓厚的理想主义色彩，如何实施本身就是个考验。在北宋特有的时政格局下，新法，特别是青苗法毫无悬念地激起了一片反对之声。

反对新法的人士，既包括韩琦、富弼、欧阳修这些德高望重的老臣，更有曾公亮、赵抃等现任宰辅，还有司马光这些新生代大臣，小字辈的苏轼、苏辙同样名列其中。这些朝臣无一不是当世顶尖的人物，他们对新法弊端的认识也确实深刻，丝毫不弱于后世专业人士。

神宗毕竟年轻，他面对汹涌而来的反对意见，打起了退堂鼓。而作为新法的主导者，王安石的反应先是愤怒，然后是辩驳，见神宗还在犹豫，他立即称病请辞。

为了挽回局面，神宗硬着头皮请回了王安石，也批准了更多人的辞呈。韩琦降职，富弼、欧阳修不久之后致仕，曾公亮、赵抃、司马光等人先后外放，苏轼贬官杭州通判，苏辙从制置三司条例司退出后，被贬出京。

实际上因反对新法而贬官的朝臣，远不止这些。意见分歧加上人事纠葛，一度人才济济的北宋朝堂就此分成新旧两派，一派以王安石为主，另一派则隐隐以司马光为号召，两派之间因看法不同而生分歧，又因分歧而生意气，最后关系越来越僵，到了互为仇雠的地步，为此后数十年间的政局动荡埋下了隐患。

三

熙宁三年(1070年)，王安石升任宰相，新法全面铺开。经过青苗法那一波风浪，反对者们也看明白了神宗和王安石的态度，尽管零零星星的反对声仍然不断，但已经没人站出来"硬杠"。

王安石一系的重要人物，除了韩绛、韩维兄弟之外，几乎全是欧阳修在嘉祐二年录取的进士，如吕惠卿、章惇、曾布、李定等，其中最有个性的还是王韶。王韶曾与王安石交游，他中进士之后不走寻常路，前往秦、凤一带实地考察，提出了收复河湟，断西夏右臂的思路，得到王安石支持。心心念念想要兴复汉唐故地的神宗看到王韶的方案，也大为振奋。

在神宗和王安石支持下，王韶率军一路西进，攻取熙州、河州，拓地两千余里，改变了大宋被动应战的局面，这样的大胜仗，在大宋开国以来还是首次。开疆拓土在任何朝代都是不朽功业，神宗和王安石的声望也达到了顶峰。

长达数年的时间里，神宗和王安石情同师友，远超一般的君臣关系，用曾公亮的话说："上与介甫如一人，此乃天也。"在某种程度上，王安石更像是一位导夫先路的长辈，领着神宗披荆斩棘一路前行。

然而，君权和相权素不兼容，王安石百折不回的个性，在勇于任事方面是一大优势，在人际关系上却是一块短板，君臣之间发生矛盾时，神宗反而不得不屈从王安石。

有一位叫丁仙现的教坊司伶人，编了一些调侃新法的段子，在公开场合演出，王安石大怒，下令开封府抓捕丁仙现。神宗很喜欢丁仙现，可又不便违拗王安石，只得将丁氏藏在皇弟岐王的私宅里。

担任阁门使要职的外戚李评，是神宗最重要的亲信，李评因故与王安石抵牾，王安石向神宗反复提意见，直到神宗将李评外放才罢休。

这些看似不起眼的小事，一旦积累起来，足以影响到神宗及王室成员对王安石的观感。

转眼到了熙宁六年（1073年）正月十四，这天文武官员跟随皇帝在皇城宣德门观灯，与万民同乐，王安石乘马入宣德门时，遭到皇城卫士的阻拦，双方很快起了争执，争执中内侍张茂则甚至斥责说："相公亦人臣，岂可如此，得无为王莽者乎？"王安石大怒之下，命人将卫士送往开封府治罪，随后，开封府官吏将卫士杖责了一番。

事情到了这个地步，宰相能不能骑马入宣德门，开封府官吏是不是有疏漏，这些细枝末节都已经不重要，各方都盯着神宗皇帝，看他究竟如何处理此事。

王安石是个认死理的人，他首先找出依据，证明宰相有资格骑马入宣德门，当然也上札子承认对仆从管理不严格，以至于仆从"干犯禁卫"。神宗没有当面责罚任何人，可不久之后，御史蔡确弹奏开封府官吏，称其曲意迎奉大臣，误将一位没有参与争执的卫士决杖，神宗下诏，对开封府官吏进行了不轻不重的责罚，也给王安石敲了一下不轻不重的警钟。

从熙宁六年秋冬，直至熙宁七年（1074年）春天，天下大旱，各地官员仍在向百姓催收赋税，也包括放贷出去的青苗钱。受天变灾异论的影响，越来越多的人公开质疑新法，一位叫郑侠的官员绘制《流民图》进呈神宗，神宗看完之后大为震动，起了中止新法的念头。

在此期间，太皇太后曹氏和皇太后高氏也当着神宗的面，斥责王安石"变乱天下"，由于有章献刘后专权的先例，北宋太后的影响力不容小觑，神宗虽然贵为天子，也得依从祖母和母亲的意见，否则一意孤行下去，连皇位的合法性都会动摇。

重重压力之下，这年四月，王安石被免去相位，以吏部尚书、观文殿大学士出知江宁府。与此同时，王安石的助手吕惠卿被任命为参知政事，以保证新法继续实施。

四

自王安石设制置三司条例司开始，吕惠卿便参与其中，实际上为变法的干将，王安石对吕惠卿评价极高，视之为衣钵传人，可是他没有料到，人事能够妥善安排，人心却未必如此。

当初郑侠进献《流民图》，几乎动摇了神宗对新法的信心。吕惠卿大权在握之后，郑侠又继续抨击吕惠卿，吕氏大怒之下，以诽谤朝廷为由，将郑侠下狱，一时间牵连者众。郑侠交游甚广，王安石的弟弟王安国也与他交好，吕惠卿顺势将王安国牵连进郑侠一案，以阻止王安石再回中枢。

眼见吕惠卿动作越来越大，王安石的好友韩绛坐不住了，他建议神宗召回王安石，以制衡越来越膨胀的吕惠卿。这一回王安石没有推托，他迅速入京复任宰相，此时距他罢相还不足一年。

再返中枢的王安石发现，情势与以往完全不同，变法派内部矛盾丛生，人事纠葛不断，从前言听计从的神宗如今乾纲独断，对他也冷淡了很多，支持他的力度还不到从前的五成。

吕惠卿尝到独当大任的甜头之后，更是与他势同水火，为了独揽大权，吕惠卿甚至将从前王安石的私人信件呈给神宗，其中有些避人耳目的内容，加剧了神宗对王安石的不信任。

雪上加霜的是，王安石最看重的儿子王雱在此间患病早逝，王安石深感悲戚，无心恋栈，熙宁九年（1076 年）十月，他外调镇南军节度使、同平章事、判江宁府。

这是王安石在十年内第三次任职江宁府，"判"和"知"一字之别，表明他是以宰相身份出任江宁府长官。按惯例，宰相罢相之后，通常会去大名府、应天府、颍州这些北方重镇，王安石再任江宁府，自然也是遵从他的意愿，属于特殊优待。

王安石自十七岁随父亲前往江宁，此后一直定居于斯，对他而言，江宁实为第二故乡，他将父母、爱子都安葬于斯，显然是做好了在这里终老的准备。

归来的王安石早已不再是少年，作为当世著名才杰，他早年深得士人激赏，从年长的欧阳修，到同龄的司马光，再到嘉祐二年涌现的众多晚辈，对他或赞誉，或欣赏，或景仰，因此王安石入朝任参知政事之初，对其怀抱期待之人绝不在少数。

然而十年不到，这些昔日同仁几乎都与王安石分道扬镳，就连变法派内部，善始善终的也屈指可数，即便王安石有志于道，不拘细行，如此结局终究令人感慨。

江山如故，人事日非，王安石在江宁写就了《桂枝香·金陵怀古》：

登临送目，正故国晚秋，天气初肃。千里澄江似练，翠峰如簇。归帆去棹残阳里，背西风，酒旗斜矗。彩舟云淡，星河鹭起，画图难足。

念往昔，繁华竞逐，叹门外楼头，悲恨相续。千古凭高对此，谩嗟荣辱。六朝旧事随流水，但寒烟衰草凝绿。至今商女，时时犹唱，后庭遗曲。

《桂枝香》词牌应该是王安石自撰，他平生不喜歌舞伎乐，"于富贵声色略不动心"，大约也欣赏不来花街柳巷风格的"后庭遗曲"，原本温婉多情的宋词到了王安石这里，索性一变为沉郁顿挫的咏史工具。

和以往的咏史诗作者不同，王安石不只喜好史学，还是历史的深度参与者，即便是功名相仿的晏殊和范仲淹，也从未像他这样，以医国之手的身份给大宋王朝整顿沉疴。他精于炼字，典故更是信手拈来，词中化谢朓、杜牧名句自用，不经意将六朝旧事续接入千里江山图景。

词如其人，各生面貌，尽管王安石也用上了"残阳""悲恨"这样的字眼，映入眼帘的却是一幅满怀生气的青绿山水图。回望一百多年前，李煜哭哭啼啼离开旧都金陵，将词这一新鲜物事带入宋朝，如今王安石另辟蹊径，以词感叹六朝兴亡，气度已经截然不同。

熙宁十年（1077年），五十六岁的王安石辞去判江宁府的职务，只领了个闲散的集禧观使，宋代官员可以兼领宫观使职，多拿一份薪水。王安石推行新法时，常将那些意见不一的官员贬为无实权的宫观官，如今他自己也走上了这条道路。

也许直到这时，王安石才从宰相的迷梦中猛然惊醒，他心态日渐平复，与昔年中断联系的好友们也时时往还。元丰二年，苏轼因乌台诗案下狱，王安石一改往日对苏轼的态度，说了句公道话："岂有圣世而杀才士乎！"据说正是这句话，保住了苏轼的性命。

王安石晚年一直没有离开过金陵，这也许是宋神宗最乐意看到的情形，"上与介甫如一人"早成往事。而没有了王安石、王韶的朝堂，恢复汉唐故土的大业功败垂成，元丰五年（1082年），西夏军队在永乐城大败宋军，受此刺激，宋神宗雄心委地，不久后去世，王安石在悼诗中写道："老臣他日泪，湖海想遗衣。"

接下来的元祐年间，太皇太后高滔滔主持朝政，王安石昔年的好友、政敌司马光返朝任宰相，新法悉数被废，变法派诸人也渐次被逐出朝廷。以新法为安身立命之所的王安石得知消息，郁郁而终。

人人都爱
苏东坡

苏轼

苏东坡不用说，
他是宋代克服"EMO"第一人。
生性豁达的他总有办法突破现实的桎梏，
行遍人间风雨。

一

年逾六十的苏轼做了个梦，梦见回到了童年，父亲和老师严厉检查作业，他却还没有做完，原本应该将整本《春秋》都背了的，梦里才刚刚开了个头，苏轼吓得在床上陡然坐起，好半晌，心还怦怦直跳。

这天是宋哲宗绍圣四年（1097 年）七月十三，苏轼刚刚被贬到海南儋州才十多天，在宋代，贬官到海南已经是极限，再远就没地方可去了。从苏轼记录的这个梦可以看出来，他没有人们所想的那样宠辱不惊，在前途未卜之际，同样有惶惑，有恐惧。

我们由此知道，这位横空出世的学霸级人物，也是在苦学中成长起来的。苏轼不只好学，还热爱人世间的各种美好，天南地北的美食、美景，只要经过他的代言，层次立马不一样，其流量和热度甚至一直延续到今天。有宋一代，上至王公贵族，下至引车卖浆之流，几乎人人都爱大苏学士，端的不是虚言。

而决定苏轼现实命运的，恰恰是那些"几乎"之外的人物。

二

时间回到嘉祐二年，苏轼与弟弟苏辙同登进士第，这年主持礼部试的是一代宗师欧阳修，进士榜可谓群星璀璨，与苏氏兄弟齐名的曾巩，理学宗师张载、程颢，王安石变法的中坚人物章惇、吕惠卿、曾布，拓土开疆两千里的名将王韶都位列其中。后人心心念念的"大宋风流"，要是没有这些人物添砖加瓦，光彩可能要黯淡一半。

苏氏兄弟或许是经验不足，在济济英才中未能拔得头筹，几年守选之后，他们同时授官为县主簿。兄弟俩对屈沉下僚的"选人"阶官可没兴趣，他们决定留在京城准备制科考试，谋求更好的前程。

制科专为选拔非常之才而设，级别高，审查严，参加者需要先获得大臣推荐，有入围资格的就不多，能通过考试的更是少之又少，有时甚至一个中试的都没有。

世有伯乐，然后有千里马，对苏轼兄弟青眼有加的伯乐众多，翰林学士欧阳修是其中至为关键的一位。嘉祐六年（1061年）八月，在欧阳修和杨畋推荐下，苏氏兄弟顺利参加了制举，考官包括大名鼎鼎的王安石和司马光，他们未来都会对兄弟俩的前程产生影响。

在制举殿试环节，苏轼的策论极出色，考官们一致评定为第三等，大宋开国以来，制科考试中第一、二等都是空缺，考上第三等的，苏轼是百年来的第二人。

通过考试之后，苏轼以大理评事出任金书凤翔府判官，苏辙则以秘书省校书郎任商州军事推官。与宋庠、宋祁一样，苏氏兄弟的职场生涯也捆绑在了一起，只是他们的命运远比宋氏兄弟要坎坷得多。

1065年，年近三十岁的苏轼自凤翔回京任职。此时仁宗已经去世，英宗继位，他对这位年轻的臣子印象颇佳，甚至想直接任命苏轼为知制诰，宰相韩琦连忙阻拦，缘由不外乎英才应多加磨砺，不可拔苗助长。韩琦与欧阳修既是至交，又是盟友，对苏轼确有关照之意，不过苏轼也失去了一次青云直上的机会。

就在这当儿，苏轼的妻子王弗去世，他忍着悲痛去考馆阁，照样一举中试，就任直史馆。可天有不测风云，第二年，苏轼的父亲苏洵在京师去世，兄弟俩不得不中断前程，奉父亲灵柩回乡安葬。或许是在韩琦的照顾下，官方安排了船只护送苏轼兄弟，这一殊遇后来却引发了意想不到的风波。

三

待到苏氏兄弟丁忧三年返京，朝堂上局面已经完全不同。英宗英年早逝，年少的神宗即位，他将韩琦、欧阳修等人外放至地方，以王安石为参知政事主持变法，一时风气大变。

韩琦与欧阳修这些老人一走，朝堂上最有声望的大臣当数王安石和司马光，他们政见相差并不大，只是思路有区别，王安石深受神宗看重，推行新法的过程中又催生了不少矛盾，于是围绕变法出现了两个不同的阵营。

还没转换好思路的苏轼，仍然跟着惯性走，一再上书言事，批评新法带来的种种不便，他没有预料到，自己卷进了复杂的人事纠葛中。

当时朝中监察御史缺员，司马光、范镇举荐了苏轼，王安石则举荐了一位叫李定的官员。有人弹劾李定没有为生母服丧，王安石的姻亲、工部郎中谢景温就针锋相对地弹劾苏轼，称苏轼在护丧返乡时，利用乘官船的便利，夹带货物，贩卖私盐，气氛一下子紧张起来。

这两桩人事安排本来毫不相干，怎么会牵扯到一起去呢？原来李定推崇新法，王安石想将其破格提拔为御史，参知政事插手台谏人选本就不合规矩，李定资历和声望又都不够，引起不少官员公开反对。

王安石一心想栽培李定，司马光、范镇却推荐苏轼，御史人选成了各方争执的焦点。谢景温当然是向着王安石的，他弹劾苏轼的理由根本不成立，两相一搅和，苏轼和李定谁都没能当上御史，矛盾反而更加激化。

就在朝廷查验李定身世的同时，一位叫朱寿昌的孝子公开受到表彰，朱寿昌的境况与李定相似，同样是生母被逐出家门，但朱寿昌苦苦寻母五十余年，时人深为朱寿昌的孝行感动，苏轼也写诗赞誉朱氏。闹得灰头土脸的李定当然明白，人们表扬朱寿昌，实际上就是在唾弃他李定，他因此记恨上了苏轼。

迫于无奈，苏轼自请外放，不久之后，他离开京师担任杭州通判，暂时离开了朝廷的人事旋涡。以他的资历原本可以外放为知州，此次降级为通判，自然是有人从中作梗。苏轼毕竟年轻，远离朝堂之后，他浑然不当一回事，通判名义上有监督知州的权力，实际职务清闲，大可以在风景优美的杭州优游岁月。

人生前三十年，苏轼要么在苦学备考，要么官微俸薄，不大可能流连欢场，后来又迭遭丧事，更是无缘乐舞，直到这时，他才有机会放浪形骸一把，填词成了他生活中的一大乐趣。

和众多名家一样，苏轼以诗文著称，填词最初只是偶一为之的小道。在杭州，苏轼与年过八旬的老词人张先相互唱和，在词中加小序的做法，也和张先如出一辙。至于词的内容，不外乎送别饮宴，曲调多是小令，手法生疏，看得出来苏大学士在入行之初，也花了一些时间来适应，不过很快他就会展现出非同一般的天赋来。

等到几年后调任密州知州时，苏轼已经度过了作词的实验阶段，他对音律方面的拓展兴致全无，却擅长用不同的内容来改写主题，熙宁八年（1075 年），苏轼写了两首《江城子》，一写悼亡，一写出猎，随手就将宋词拎到了不一样的高度。

《江城子·乙卯正月二十日夜记梦》是苏轼怀念亡妻王弗之作，以"十年生死两茫茫"起句，以"料得年年肠断处，明月夜，短松冈"结局，极尽凄凉之态，一扫言情词浓艳本色。

《江城子·密州出猎》写他在密州狩猎的场景，"老夫聊发少年狂，左牵黄，右擎苍，锦帽貂裘，千骑卷平冈。为报倾城随太守，亲射虎，看孙郎"，字字奇崛，意气甚至高过范仲淹的边塞词。

"老夫聊发少年狂"一句很是老气横秋，实则苏轼这年才三十八岁。他这两首《江城子》有什么不一样呢？

最突出的便是曲调，苏轼不由分说地将单调改双调，同样的曲调拉上两遍，整首词的篇幅就扩充了一倍，小令变中调。原先人们填词，为了照顾音律，不得不用一些齐整的陈词滥调来配合，苏轼完全不吃这一套，字字写实，将命题作文改成了自由变奏，缠绵婉转的暗示转为直白倾泻，瞬间开启了宋词的新境界。

这还只是苏词别树一帜的开始。熙宁九年中秋节，苏轼写了首词寄给弟弟苏辙，这首词一出，宋词突然就变得像宋词了：

明月几时有？把酒问青天。
不知天上宫阙，今夕是何年。
我欲乘风归去，又恐琼楼玉宇，
高处不胜寒。
起舞弄清影，何似在人间。
转朱阁，低绮户，照无眠。
不应有恨，何事长向别时圆？
人有悲欢离合，月有阴晴圆缺，
此事古难全。
但愿人长久，千里共婵娟。

如果说晏殊、宋祁、张先这些老前辈以诗入词，是受限于视野与才情的迫不得已，那柳永的别裁新曲，便是从歌词和曲目两方面同时突破。宋词一路走到苏轼这里，突然变得简单起来，苏轼或许不解音律（这是李清照的看法），但他恰好将词从音律中解放了出来，使之变成一种与诗平行的文体。

四

就在苏轼写下《水调歌头·明月几时有》这一年，王安石第二次罢相，神宗皇帝走上前台。如果之前人们反对新法，还可以视为对王安石的不满，那么从这一刻起，反对新法，实际上就是在触神宗的逆鳞了。

自任官杭州后，苏轼都未曾回过京师，密州任满，他又改知徐州，在地方疏懒惯了，对于越来越严苛的朝中局势，苏轼始终未能上心揣摩，他大大咧咧在诗中调侃新法，还将诗集刻版印刷，分送同好，丝毫没有预料到密集的文网正在逐渐收紧。

元丰二年（1079年），当初与苏轼暗地里较劲过的李定升任御史中丞，李定想着办一两桩大案出来立威。恰巧这年夏天，苏轼转任湖州知州，在谢恩表中写道"知其愚不适时，难以追陪新进；察其老不生事，或能牧养小民"，这几句话立马引起了李定的注意。

在李定安排下，御史们一番检索，鸡蛋里挑骨头，将苏轼诗集中暗讽新法的字眼都挑出来，比如"东海若知明主意，应教斥卤变桑田"讽刺农田水利法，"岂是闻韶解忘味，尔来三月食无盐"讽刺盐禁，意图将苏轼诗文炼成大狱，以警示反对新法的人们。

神宗对苏轼抵制新法的态度本就不满，御史台这一弹劾，他当即下诏推治，御史台推波助澜，派人将苏轼从湖州抓回了京师，关押进御史台，人们常用乌台指代御史台，于是这起案子又称"乌台诗案"。

宋朝有优待士大夫的传统，虽然之前也有过因政治斗争而产生的冤案，但当事人总会有些疏忽过错，而且通常是直接贬官，像苏轼这样在诗文中吐吐槽，就被抓去御史台问审的，还是头一遭，这也给北宋后期的权斗开了恶例。

苏轼因诗文罹祸，引发了轩然大波，他被关押审问的几个月里，太皇太后曹氏，苏轼的好友、驸马爷王诜，宰相吴充，甚至在野的王安石都为苏轼说情。这期间太皇太后曹氏去世，等到忙完丧葬大事，神宗才在过年前几天将苏轼释放出监，贬为黄州团练副使，本州安置。

不仅如此，为苏轼通风报信的驸马王诜遭贬，苏辙也被贬去监筠州盐酒税，苏轼曾经寄送过诗集的张方平、司马光、范镇、曾巩、黄庭坚等数十位官员，悉数被处罚。如果说李定弹劾苏轼多少还带点个人情绪，这么多人被牵扯进来，明显是神宗借题发挥，要给反对新法的官员一个警告了。

在宋代语境中，"安置"远比通常贬官严重，这意味着苏轼的行动受到严格限制，未经允许不得离开黄州，诏书中明令他"不厘务"，也就是不参与公事，除了保留官身，每个月能领几吊钱工资，苏轼在黄州的处境与软禁无异。

从四十三岁到四十七岁，苏轼在黄州安置了近五年之久，正是职场黄金时期，昔日同僚出将入相，他却困守一隅，就连写诗都要自我反省，看看有没有触忌讳，作词成了苏轼为数不多的寄托。

在黄州，苏轼日夜与长江为伴，江水的上头是故乡，尽头是他自己，一如历史的上头是无数英雄豪杰，尽头仍是他自己。黄州城西有一块红色的江崖，他听人说这里就是三国时期的"赤壁"，于是在这里写下《念奴娇·赤壁怀古》：

大江东去，浪淘尽，
千古风流人物。
故垒西边，
人道是：三国周郎赤壁。
乱石穿空，惊涛拍岸，
卷起千堆雪。
江山如画，一时多少豪杰。
遥想公瑾当年，小乔初嫁了，
雄姿英发。
羽扇纶巾，
谈笑间、樯橹灰飞烟灭。
故国神游，多情应笑我，
早生华发。
人生如梦，一尊还酹江月。

苏轼将以诗咏史的传统嫁接入词，由实入虚，思接千载，末了稳稳当当接续到自身境遇，如此慷慨手笔，放置在大家之中也格外突出，以柔情起始的宋词有了高歌入云的一面。

当时人们就已经注意到，即便失去音律支撑，苏词也仍旧能够独立存在。有一则故事说，苏轼问一位歌者："我词何如柳七？"对方回答说："柳郎中词，只合十七八女郎，执红牙板，歌'杨柳岸、晓风残月'；学士词，须关西大汉，铜琵琶，铁绰板，唱'大江东去'。"

用文字本身具有的韵律，去除音律的桎梏，这是苏轼之于宋词文体的意义。

经苏轼题咏，黄州这堵名不见经传的赤壁，一跃与三国时群雄会战的赤壁齐名，人称"东坡赤壁"，发掘名胜、成就名胜，是苏轼自文学之外最大的胜业，杭州西湖，徐州黄楼，快哉亭，黄州赤壁，他一个人就赢得了世俗给不了的天爵。

五

元丰八年（1085年），宋神宗去世，年幼的哲宗即位，在新的太皇太后高滔滔一手主持下，年近五旬的苏轼得以还朝。此后几年，苏轼的职位稳步上升，元祐七年（1092

年），他官至礼部尚书、端明殿学士兼翰林侍读学士，而苏辙跃升至门下侍郎，这是神宗改革官制之后的新职位，也就是实质上的副宰相。

可惜不久之后，太皇太后高氏去世，刚刚成年的哲宗亲政，苏轼和苏辙的厄运又来了。原因很简单，年少的哲宗对祖母高氏垂帘听政极为不满，他要恢复父亲神宗的政绩，甚至连年号都改为"绍圣"，意思是继承其父遗志。苏氏兄弟在元祐年间身居高位，是清算新法的主力军，自然也就成了哲宗的眼中钉、肉中刺。

于是在绍圣年间，苏轼一贬惠州，再贬儋州，都是本州安置，此时他年届六旬，去日苦多，心态上再平淡从容，也改变不了前程的黯淡无光。与此同时，苏辙、秦观贬雷州，黄庭坚、晁补之、张耒等苏氏一系官员悉数贬官，秦观甚至死于贬所，未能等到回家的那一刻。

直到宋哲宗死后，神宗的另外一个儿子宋徽宗即位，颁布赦令，苏轼才拖着残躯从儋州返程。在长江边的金山寺，苏轼给自己的画像题了一首六言诗：

"心似已灰之木，身如不系之舟。问汝平生功业，黄州惠州儋州。"

苏轼的俗世功名，就是这么潦草简单，六十几年间，经历五位皇帝，几度大起大落。所幸生性豁达的他总有办法突破现实的桎梏，一如突破音律的桎梏，高帽长髯，竹杖芒鞋，行遍人间风雨，潇洒一任平生：

"莫听穿林打叶声，何妨吟啸且徐行。竹杖芒鞋轻胜马，谁怕？一蓑烟雨任平生。"

孤独
是一种境界

晏几道

宰相之子晏几道，

也许是艺术帮他摆脱了世俗的纷争，

活得并不算累。

一

晏几道含着金钥匙出生，其父晏殊位列宰相，又是当世一流诗人，门生故旧遍及天下，母亲王氏出身将门，世代公侯。晏几道作为家中第七子，正赶上家运上升期，他幼时的繁华景象，堪比爽文。

大约见惯了人世浮沉，晏殊给这位晚生子取名几道，所谓上善若水，唯有不争，才能"几于道"。这个拗口的名字后来成为现实，晏几道一生平淡，从不争功名利禄，他只在诗词上接过父亲衣钵，苦心经营个中旨趣，风流婉转，几近于道。

以晏殊的身份地位，子弟都能荫官，晏几道年纪轻轻便荫补为太常寺太祝，位居京官第二阶。别看品阶不算高，许多低级官员如苏洵，拼搏半生也走不到这一层级。

二

繁花着锦的日子鲜能长久，1055年，晏殊去世，接下来几年，晏家戚属大丧不断。1056年，晏几道的二姐夫杨察去世。1057年，他的舅父王德用去世。按宋代礼法，舅父仅为小功亲，姐夫无服，但以真实关系而论仍是很亲密的，几棵大树一倒，晏家凭借联姻架构起来的人际网络随之塌陷半边。

所幸晏几道的大姐夫富弼官运亨通，晏家子弟得他照应，仍然过得顺风顺水。晏家老大早亡，实际上安顿一家老小的是老二晏成裕，在兄嫂帮衬下，晏几道娶妻成婚，日子想必过得不差。

神宗熙宁年间，王安石主持变法，故旧大臣日渐边缘化，富弼受到排挤，提前致仕，这意味着晏家失去最重要的一位庇护者。

覆巢之下无完卵，熙宁四年，新上任的侍御史知杂事邓绾为了立威，弹劾晏几道的二哥晏成裕"微服游娼家"，晏成裕受到严惩，停职不再用。权知开封府事韩绛一点都不给晏家留情面，将案件闹得满城风雨，五十多岁的晏成裕几乎身败名裂。细说起来，韩绛当年还是晏殊的门生，如此过河拆桥之举，不免令人唏嘘。

兄长的遭遇必定影响到了晏几道，他对朝中新贵们不会有太多好感。宋代荫官入仕，品级相对低微，晏几道人微言轻，没机会介入中枢大政，但神宗时期文网日益森严，晏家又处于运势低落之际，晏几道再三小心，仍是卷入了熙宁七年震动朝野的郑侠案。

这年三月，监京师城南安上门的官员郑侠，目睹民间灾害频发，作《流民图》进献神宗皇帝，请求废除新法，其后郑侠又上疏指斥吕惠卿奸邪。郑侠这两桩举动，引发了朝野反对新法的声浪，最终导致王安石被罢相，神宗一朝的政局因此出现偏转。

神宗认为郑侠身后另有主谋，安排御史台严查，案子越卷越大，御史台官员忙到连回家睡觉都没时间，与郑侠有关的人事，自然也要仔细排查，之前晏几道赠予郑侠的一首诗，就这样成了物证：

"小白长红又满枝，筑球场外独支颐。春风自是人间客，主张繁华得几时？"

按照御史台推案的固定套路，晏几道与郑侠之间有诗唱和，就意味着有所交往，有所交往就意味着可能是同谋。

以晏几道的身世背景，一旦锻炼成狱，既可打击富弼等旧臣，狱吏们也有机会上下其手，从中大捞一笔。

御史台有权将相关人等羁押审查，晏几道因而下狱。案情很快呈报到神宗面前，神宗读罢这首清雅可人的小诗，大为称赞，他觉得御史台小题大做，当即命人释放了晏几道。

三

纵游里巷可能遭严惩，写诗赠友人要受牵连，风声鹤唳的环境之中，晏几道唯有不问世事，与好友沈廉叔、陈君龙二人玩起了小众聚会，他后来追忆道：

"沈十二廉叔、陈十君龙家，有莲、鸿、蘋、云，品清讴娱客。每得一解，即以草授诸儿。吾三人持酒听之，为一笑乐。"

意思是好友沈廉叔与陈君龙家，有四位歌姬，分别名为莲、鸿、蘋、云，她们擅长清唱以娱客。晏几道每写成一曲，即席交给她们吟唱，他与沈、陈持酒听之，以为笑乐。

这种谑而不虐的聚会，是晏几道作词的灵感之源，他的名作《临江仙·梦后楼台高锁》，就是为"蘋"而作的：

梦后楼台高锁，
酒醒帘幕低垂。
去年春恨却来时。
落花人独立，
微雨燕双飞。

记得小蘋初见，
两重心字罗衣。
琵琶弦上说相思。
当时明月在，
曾照彩云归。

此外，"手捻香笺忆小莲"，"说与小云新恨、也低眉"，与"赚得小鸿眉黛、也低鬟"，对应的则是莲、云、鸿三位少女。

晏几道自己道出了作词的特殊之处，一是范围很小，由友人家歌姬吟唱，这就注定了晏词内容清雅，与俗词不可同日而语；二是以清唱为主，没有纷繁复杂的伎乐，在音律上没有过多的拓展，因此晏词多为小令，少有新调慢词。

如此一来，晏词呈现出向早年花间词派回归的迹象，不过这一回归仅仅是个表象，晏几道生在宋词成熟阶段，此时早已俗雅混同，晏氏对词这一文体的娴熟运用，到了收发由心的境地。

若说晏殊词中还时常可见"以诗入词"的生涩，到晏几道的时代，词明明白白就是有别于诗歌的制作。晏几道有一首《鹧鸪天·以小令尊前见玉箫》，深受时人激赏：

> 小令尊前见玉箫，
> 银灯一曲太妖娆。
> 歌中醉倒谁能恨？
> 唱罢归来酒未消。
> 春悄悄，夜迢迢。
> 碧云天共楚宫遥。
> 梦魂惯得无拘检，
> 又踏杨花过谢桥。

"梦魂惯得无拘检，又踏杨花过谢桥"，语近晚唐诗意，可又跳出了近体诗的桎梏，婉转缠绵之意油然而生，风致极为可观。无怪乎以言行方正著称的理学家程颐，听过这阕词之后都忍不住夸赞道："鬼语也。"言下之意，寻常人等可写不出这股子自带张力的潇洒俊逸来。

若说晏几道词作主题单一，他作词就是冲着三五知交去的，有人共赏，自得其乐，夫复何求？李清照就特别看重晏几道，她将北宋有名词人全都品评过一遍，对欧阳修、苏轼毫不客气，对晏几道却极少吐槽，仅仅觉得晏词"少铺陈"而已。

四

填词日益精妙，晏几道生出了几分信心，他也想通过进献诗词的方式，博取些许机缘。元丰年间，他出任颍昌府许田镇监，负责征收每年定额的税钱，对于曾经家资巨万的晏几道来说，这项工作无疑枯燥乏味至极。

其时韩绛的弟弟韩维主持颍昌府事，韩维曾两任晏殊僚属，属于故旧之交，晏几道将得意佳作挑选了若干篇，送给韩维鉴赏，想博取一个改变命运的机会。韩维的答复很实在，也很不近人情："愿郎君捐有余之才补不足之德，不胜门下老吏之望。"

韩维同样是荫补出身，平日里也填词，写"燕子渐归春悄，帘幕垂清晓"，他必定对老上司晏殊的名句"无可奈何花落去，似曾相识燕归来"熟稔于胸，更没有理由看不上晏几道的"落花人独立，微雨燕双飞"。他这番表态，自代表当时人们对晏几道的一般看法，认为晏几道耽于玩乐，不是守家兴业的志道之士。

晏几道有没有听从韩维的劝诫？不得而知，他满怀期待从居官之所回京，念想的仍然是"云""鸿"，如《临江仙·淡水三年欢意》所示：

> 淡水三年欢意，
> 危弦几夜离情。
> 晓霜红叶舞归程。
> 客情今古道，
> 秋梦短长亭。
>
> 绿酒尊前清泪，
> 阳关叠里离声。
> 少陵诗思旧才名。
> 云鸿相约处，
> 烟雾九重城。

直到重返"烟雾九重城"，晏几道才发现期待完全落空："君龙疾废卧家，廉叔下世。昔之狂篇醉句，遂与两

165

家歌儿酒使,俱流传于人间。"

他的好友陈君龙患上疾病废卧于家,沈廉叔病逝,莲、鸿、蘋、云等人流落四方,靠佐酒、卖唱为生,晏词以这种意料之外的方式传播开来,晏几道因而声名鹊起。

时值元祐初年,朝局陡变,司马光领衔为相,尽罢新法。晏几道非新非旧,属于"超然物外"的那一批人,满可以趁新旧交接的良机,寻得一两桩升职的机缘。或许是受了韩绛、韩维兄弟的刺激,晏几道一度保持高冷,只与范纯仁、黄庭坚联系稍微密切,就连苏轼都被他拒之门外。

苏轼在元祐年间堪称天下文宗,由谪官升任翰林学士,名声、权势都不缺,他很注意拔擢贤俊以为国用。听说晏几道的才名之后,苏轼有意与其见上一见,或许还有援引为门人的意思。

面对苏轼的试探,晏几道一点都不给面子,他对中间人黄庭坚道:"现如今政事堂中,有一半是我们家的旧客,我都没工夫见他们。"别的不说,这种看淡功名利禄的心态,着实比元祐年间争权夺利的诸君子要高明许多。

晏几道所谓"政事堂中半为吾家旧客",完全没有夸张,老资历的宰臣们谁敢说与晏殊没一点交集?当然其中也有与晏几道关系较好的,那就是范仲淹之子范纯仁。

当年晏殊与范仲淹在政事上分道扬镳,两家私交却不曾断绝，这也是北宋政坛常见的景象。范纯仁比晏几道大出十多岁，他对晏氏的态度明显好过韩维兄弟。

在范纯仁帮助下，晏几道将失散的词作搜集起来，命名为《小山集》，他又邀请黄庭坚作序。《小山集》结集，意味着词作为一种成熟文体，正式为士大夫们所接受。

尽管词的名目称谓仍然不一，晏几道称之为"乐府补亡"，黄庭坚称之为"诗余"，秦观称之为"长短句"，然而混乱与差异，正是所有新生事物勃然兴发时该有的状态。

黄庭坚、晏几道、贺铸、秦观的词作，在功能和传播上也发生了很大的改变，既能用于公卿士大夫间应酬往还，又广泛流传于市井之间。尽管晏几道词作受韩维轻视，黄庭坚被禅师法秀当头棒喝，秦观也因效仿柳永遭到讥嘲，而贺铸碍于世俗眼光，不敢将词作收入诗集……凡此种种，恰恰说明词在体用两方面都自成体系，足以与诗歌并驾齐驱。

五

黄庭坚在《小山词》中颇为晏几道时乖命蹇惋惜：

"仕宦连蹇，而不能一傍贵人之门，是一痴也。论文自有体，不肯一作新进士语，此又一痴也。费资千百万，家人寒饥，而面有孺子之色，此又一痴也。人百负之而不恨，己信人终不疑其欺己，此又一痴也。"

黄庭坚在序文中没有明说，可是仔细品一品就能知道，所谓"不能一傍贵人之门""不肯一作新进士语"，着实是为晏几道惋惜，明明有范纯仁、苏轼这样的人脉，却不肯用上一用，贺铸都能抓住机会武职改文资，晏几道若是愿意低头，履历簿上是可以光鲜很多的。

晏几道对当道者态度冷淡，换来的是仕途的偃蹇。他一度调任乾宁军通判，乾宁军远在宋辽边境地区，丁口不过一万多人，属于帝国序列中最不起眼的地区之一，这位曾经钟鸣鼎食的相府公子，离开繁华的京都，前往这样偏僻的去处，同样有"天涯岂是无归意，争奈归期未可期"的感慨。

在动辄斗转星移的北宋后期，晏几道屈沉下僚，却意外摆脱了朝堂上日趋激烈的纷争，他不受变法派中坚人物韩维的器重，又与元祐大臣们主动拉开距离，无论是哲宗朝新法一派对元祐大臣的报复，还是徽宗赵佶上台后更为激烈的党争，都与晏几道没有直接关联。

也许是人到中年之后渐趋实在，抑或在漫长的游宦生涯中积累足够的经验，晏几道在乾宁军任上"更缘事为，积有闻誉"，升任开封府推官，终于由边陲之地重回京师。

徽宗崇宁四年（1105年），正当赵佶与蔡京严惩元祐、元符党人的时候，我们却在史料中看到晏几道难得一见的身影："开封府……两经狱空，推官晏几道、何述、李注，推官转管勾使院贾炎，并转一官，仍赐章服。"

狱空是惠政的表现，主管官员可以借此机会申请表彰，晏几道也获得了"转一官""赐章服"的奖励。开封府推官负责审理案件、稽查民事，品阶为从六品，对于少年荫补入官的晏几道来说，几十载仕途至此，确实算不得理想。

不过，比起这一年屈死宜州的诗友黄庭坚来，晏几道就幸运得太多了。人生无常，祸福相依，也许直到这时，晏几道才咂摸出"水善利万物而不争"的先见之明。

六

还没到退休的年纪，晏几道主动离开了风风雨雨几十年的官场，他住在祖传的深宅大院里，与诗书相对，照样过着孤独的日子。似乎大门一关，京师都变得遥远起来，与他再无瓜葛。

当朝宰相蔡京派人找上门来，想请晏几道写上两首词，好好颂扬一下当今天子的盛德。

白发满头的晏几道接了这桩活计，可是写什么呢？天下扰动的元祐党籍，轰轰烈烈的平青唐，热热闹闹的铸九鼎、兴道观？

这些大事他都不想写，或者不敢写，他盘算了一下这辈子品过的酒，走过的路，交过的朋友，想起从前与好友在家中聚会，"小蘋初见"时节，一切就都很美好。

他想想秋天的月色，想想冬天的雪景，写下了两首《鹧鸪天》：

"九日悲秋不到心。凤城歌管有新音。风凋碧柳愁眉淡，露染黄花笑靥深。　　　初见雁，已闻砧。绮罗丛里胜登临。须教月户纤纤玉，细捧霞觞滟滟金。"

"晓日迎长岁岁同。太平箫鼓间歌钟。云高未有前村雪，梅小初开昨夜风。　　　罗幕翠，锦筵红。钗头罗胜写宜冬。从今屈指春期近，莫使金尊对月空。"

他就拿这两首词交差了，蔡京看到了，大概不会多喜欢，可能付之一哂，随手将这两张纸笺丢弃掉。

晏几道不在乎这些，他经历过四位皇帝，见过好些位宰相，盛世繁华和人间烟火尽收眼底，一位新进宰相的评价，与他有何相干？

曲高和寡是人生常态，他因而孤独了大半辈子，读书满架，作词数卷，知交三五人，足矣。

晏几道晚年，人情愈发娴熟，世情愈发通透，有一曲

《临江仙·东野亡来无丽句》，倒是写尽了这番心态：

"东野亡来无丽句，于君去后少交亲。追思往事好沾巾。白头王建在，犹见咏诗人。　　　　学道深山空自老，留名千载不干身。酒筵歌席莫辞频。争如南陌上，占取一年春。"

他犹记得"小蘋初见"的美好，还会泪下沾巾，可那已经是三四十年前的旧事了。

黄庭坚

禅意常随
诗意来

黄庭坚生平坎坷，

"桃李春风一杯酒，江湖夜雨十年灯"

是现代最流行的个性签名之一。

伴随他面对挫折的，不只是诗书，还有禅意。

一

　　黄庭坚是书香门第出身的读书种子，他父亲黄庶于庆历二年中进士，爷爷黄湜在嘉祐二年登科，与苏轼、曾巩同榜，即便北宋进士科考试相对宽松，世代高中也堪称盛事。

　　不太圆满的是，黄庭坚十多岁时，父亲病故，他只得跟随母亲投奔舅舅李常。李常对这位外甥视若己出，悉心栽培，黄庭坚的学问一日千里，克绍箕裘指日可待。

　　读书之余，黄庭坚偶尔也放浪形骸一番。"梦当年少。对樽前、上客邹枚，小鬟燕赵。

共舞雪歌尘，醉里谈笑。"少年时最易吸收新鲜事物，黄庭坚又聪颖至极，过目成诵，这就打下了填词的底子。

治平四年（1067 年），宋神宗刚刚即位，二十三岁的黄庭坚赶在这年一举登第，接着又迎娶了孙觉之女，金榜题名，洞房花烛，用春风得意来形容他此时的状态，似乎都有些单薄了。

可人生殊难逆料，所谓"毕竟几人真得鹿，不知终日梦为鱼"，接下来的路，黄庭坚走得并不轻松。

二

熙宁元年（1068 年）九月，黄庭坚经吏部守选，授官汝州叶县尉，第一次上任，他就遇到一件尴尬事：迟到了。

老资格的富弼此时正判汝州，一个"判"字就可以看出这位前首相的分量，得知属下新任县尉逾期到任，富弼命人将黄庭坚召至州城，痛骂一顿，然后拘系起来问责。

双方地位悬殊，黄庭坚又确实有错，只能听候发落，他委屈至极，"五更归梦三百里，一日思亲十二时"，和今天异地工作遭遇挫折的年轻人一般无二。

黄庭坚自己也没想到，改变他未来命运走向的，竟然是熙宁二年开始的变法。

随着王安石升任参知政事，新法渐次展开，富弼短暂回京任宰相，但因为他反对新法，又仓促罢相，改知亳州。黄庭坚的岳父孙觉与舅舅李常，同样因为反对新法而贬谪地方。

黄庭坚在叶县，也察觉到了新法中的不合理之处，比如农田水利法颁布之后，上司要求将叶县的麦田改为稻田，这无疑是拍脑袋决策的结果。作为基层官员，黄庭坚甚至连上书的机会都不曾有，他只能在诗序中写道："郡县行空文，朝廷收虚名。名为利民，其实害之。"

人的命运往往被时代裹挟而行，尽管黄庭坚对新法不无非议，中书颁布的学校法，却给他带来了升职机会。学校法规定在京东、陕西、河东、河北、京西五路设置学官，黄庭坚以优异成绩考取了北京大名府教授，脱离选人阶，开启了更有前途的学官生涯。

有了被富弼拘系的教训，黄庭坚很注意和顶头上司处理关系，颇得北京留守文彦博等重臣欣赏，四年任期结束之后，文彦博还留他再任，大概在这期间，黄庭坚由选人改京官，并且晋升为京官最高一阶著作佐郎，这算是难得的殊遇。

黄庭坚的另外一层人脉，来自舅舅李常与岳父孙觉的拓展，在孙觉引荐下，黄庭坚于元丰元年与苏轼开始交往，他写成两首诗寄送给苏轼，苏轼旋即回赠诗篇，两人一在大名府，一在徐州，纯以文字通声气，秦观、晁补之也慢慢加入到这个群体中来。

天下皆知的"苏黄"组合就此形成，不过这对黄庭坚的仕途未必是好事，就在第二年，苏轼因为反对新法，陷入乌台诗案。御史们从苏轼诗歌中一一翻检讽刺新法的字眼，让其服罪，其中就包括苏轼写给黄庭坚的诗句。待到苏轼贬官黄州团练副使，黄庭坚也因为"收受讥讽朝政文字不申缴入司"，与司马光、李常、孙觉等一起罚铜二十斤。

罚铜是北宋常见的处罚，二十斤铜约为五贯钱，是黄庭坚近三个月的薪水，与罚金相比，这一处罚的象征意义则要大得多。

因为这起轰动全国的钦案，黄庭坚很自然被视为反对新法一派，北京教授任满，他未能入京为官，反而被派往江南西道的吉州太和县任职，此时宋神宗已经完成了官制改革，黄庭坚官阶不变，官称从著作佐郎改为宣德郎，仍为京官最高一阶。

太和县任满，黄庭坚已经年届四十，他的新工作是监德州德平镇。不消说，在有司视野之内，黄庭坚仍然属于不可重用的对象。

在德州，黄庭坚遇到了职场生涯的第三道坎：德州通判赵挺之。赵挺之后来官至宰相，可他本人的名声，还远不及儿子赵明诚和儿媳李清照。

赵挺之和黄庭坚一样，都是治平中进士，都当过学官，不过两人立场不一，赵挺之倾向新法，大张旗鼓推行市易法，德平镇每年税收定额较多，黄庭坚认为镇小民贫，负担已经很重，再加收税费很不合适，两人因此产生了分歧，甚至发公文相互驳斥，一时传为笑谈。

与这么一位强势的长官产生意见，黄庭坚的心情可想而知有多郁闷，他给远在岭南的好友黄介写了一首诗，允为宋诗中的名作：

隔溪猿哭瘴溪藤。
想得读书头已白，
治病不蕲三折肱。
持家但有四立壁，
江湖夜雨十年灯。
桃李春风一杯酒，
寄雁传书谢不能。
我居北海君南海，

有乌台诗案殷鉴在前，黄庭坚能在诗中倾心吐诉的话不多。"桃李春风一杯酒，江湖夜雨十年灯"，他用十四个字，描摹了一种奇怪的意象，鲜明而孤寂，仿佛正负两极各自流淌，中间隔着十年的光影，疏忽而变，日夜、春秋、南北就在这十四个字中悄然而过，把岁月和经历如翻书一般，信手掩盖在沉默的叹息里。

三

有唐一代气象恢宏，诗文如飞龙在天，宋人取其一鳞一爪化为己用，足以成大家。宋初多学中晚唐，欧阳修推崇韩愈，到了神宗时期，也该出些独领风骚的人物了，苏轼、黄庭坚应运而生，正得其宜。

说起作诗，黄庭坚是专业的，他专学老杜，而且专学晚年的老杜。

晚年杜甫诗作由实入虚，已臻化境，黄庭坚着了迷，他喜欢用典，讲究一个"无一字无来处"，就在从太和移官德州的途中，黄庭坚与诗人陈师道一见如故，陈师道以黄庭坚为师，宋代最有名的"江西诗派"就此发轫。

顺带提一下，陈师道与赵挺之都娶了郭概的女儿，是实实在在的连襟。

从黄庭坚和陈师道这里，诗歌重新找到了合适的理路，他们奉杜甫为祖师爷，工求声律，语尚平实，由于乌台诗案的影响，他们自不可能像杜甫一样，在诗中议论时局，因此诗中呈现出另外一种实在，字里行间反映亲身经历，寸步不离其左右，一旦由实转虚，则多向内求，别生一番滋味。

黄庭坚作诗如此，作词也是如此。

年少风流时，黄庭坚写过不少艳词，如"对景还销瘦。被个人、把人调戏，我也心儿有。忆我又唤我，见我嗔我，天甚教人怎生受"，小儿女温柔情状，如眼前历历，这是柳永传下来的婉约词正统。

因为创作艳词，黄庭坚曾遭到同时代禅师法秀的当头棒喝，法秀告诫他不要将翰墨之才浪费在艳语中。中年黄庭坚似乎认可了这些告诫，他竭力在诗词中呈现多样化风格，当年范仲淹歌咏咏塞上风情的《渔家傲》，一变为记录禅思的禅词：

> 三十年来无孔窍，
> 几回得眼还迷照。
> 一见桃花参学了。
> 呈法要，
> 无弦琴上单于调。
>
> 摘叶寻枝虚半老，
> 看花特地重年少。
> 今后水云人欲晓。
> 非玄妙，
> 灵云合被桃花笑。

熟知禅宗公案的人们，一眼就可以看出其中蕴含的佛学典故，以词记录思维上的开悟，黄庭坚并非第一人，但自由出入禅词之间，还只是他施行文体试验的一步而已。

黄庭坚没有将精力花在音乐的拓展上，而是老老实实像杜甫作诗那样，拓宽词的内容边界，他用词记录生活，写"闲世界。无利害。何必向、世间甘幻爱。与君钓、晚烟寒濑。蒸白鱼稻饭，溪童供笋菜"；他用词来咏茶、咏橄榄、咏荔枝，甚至还玩了一把以文改词，将欧阳修的名作《醉翁亭记》改为《瑞鹤仙》：

"环滁皆山也。望蔚然深秀，琅琊山也。山行六七里，有翼然泉上，醉翁亭也。翁之乐也。得之心、寓之酒也。更野芳佳木，风高日出，景无穷也。"

至少在操作层面上，黄庭坚已经将词与诗歌的功能等同起来，可用典、可咏物、可抒情、可入禅、可入道。这意味着词作为一种文体，不再依从于唐代以来的近体诗，甚至不再受曲调的局限，有了新的生命增长点。正是黄庭坚的大胆和不拘一格，将婉约词带出温柔的洄水湾，恢复了真实生活的本来面目。

四

黄庭坚与赵挺之的初次叫板没有持续太久，随着神宗驾崩，朝局逆转，黄庭坚迎来了一生中最顺风顺水的时候，很可能是在李常的安排下，他奉诏入京，就任秘书省校书郎。

在京师，黄庭坚终于见到了景仰已久的苏轼，从初通往来、互赠诗歌开始，不经意间已经过去十年。回归朝堂的苏轼没有让黄庭坚失望，本着同声相应、同气相求的宗旨，苏轼主持学士院考试时，将黄庭坚、张耒、晁补之等门人悉数录取。有意思的是，赵挺之也参加了这次考试，并且顺利通过。

李常、孙觉、苏轼身居高位，时局却没有想象中的顺风顺水，昔日新旧两派纷争造成的人事纠葛，时不时就会沉渣泛起，黄庭坚的新工作是"神宗实录院检讨官"，负责修撰神宗一朝实录，他丝毫没有意识到，未来这将会是一个巨大的坑。

修撰神宗实录，意味着要对神宗一朝所有政事盖棺论定，王安石第二度出任宰相时，吕惠卿为了独揽大权，曾向神宗披露王安石在私人信件中有所隐瞒，涉嫌欺君，这一事件直接导致了王安石再次罢相。

围绕王安石信件中的细节，黄庭坚与礼部侍郎陆佃（陆游的祖父）发生了争议，陆佃是王安石门生，深知干系重大，他力证王安石信中没有欺君之言，实录最终采信了陆佃的意见，而黄庭坚的耿直态度却引来了种种猜忌。

元祐二年（1087年），赵挺之升任监察御史，不久之后，他就弹劾苏轼"专务引纳轻薄虚诞，有如市井俳优之人以在门下"，顺带还捎上了黄庭坚，称其"轻薄无行，少有其比"。苏轼当然反戈一击，将黄庭坚与赵挺之在德州的冲突也拎了出来，斥责赵挺之是"聚敛小人"，甚至还将赵挺之的岳父郭概也斥责了一番，缘由是郭氏曾与苏辙也有过纷争。

剑拔弩张的人事纠葛，根源仍在于新旧两派之间的纷争。举荐赵挺之的中书侍郎张璪，在乌台诗案中曾阻止他人解救苏轼，后来又投靠吕惠卿，因此被视为奸臣，遭到反对新法诸人的反对。赵挺之弹劾苏黄，既是为了维护张璪，也是为了维护自己的根基。

原本在德州任职时，赵挺之还曾约黄庭坚会餐，鉴赏自己收藏的古帖，若是时机恰好，两人未必没有释怀私怨的可能，不过卷入朝堂上复杂的纷争之后，他们的小矛盾完全激化，再也没有和解的机会了。

成天坐在国史馆编书的黄庭坚，多次这样无端受过，几乎每一次晋升的机会，都在对手的攻击下失效。元祐五年，李常、孙觉相继过世，他更是失去朝中支援。次年，《神宗实录》修成，按照惯例每个人都有机会升官，黄庭坚仍然遭到排挤，这让他多少有些心灰意冷。元祐年间，黄庭坚的母亲李氏病逝，他丁忧返乡，就此离开勾心斗角的朝堂。

造化弄人，待到丁母忧结束，近五十岁的黄庭坚堪堪赶上哲宗亲政。

宋哲宗对太皇太后高氏掌控的元祐朝局极度不满，他亲政之后的第一要务，就是将元祐年间定谳的案子再度翻过来，《神宗实录》首当其冲，主事者很快将黄庭坚召还京师接受调查。

面对主事官员的再三盘问，黄庭坚固执己见，他认为自己参修的实录经得起检验，可是在雨翻云变的大局之中，苏轼、苏辙悉数贬官，就连过世的司马光都遭遇苛评，黄庭坚的态度换来的是哲宗"诞慢不恭"的评价，于是黄庭坚贬官涪州别驾、黔州安置。

半百之年，黄庭坚循着他一生崇拜的杜甫之足迹，逆江而上，历巫峡高唐，西抵黔州。诗词者，物之不得其平而鸣者也，人生离乱之际，感悟往往特别深刻，黄庭坚暮年的心境笔触，其实已经颇为接近老杜。《醉蓬莱·对朝云叆叇》一词便是如此，用典写实：

对朝云叆叇，暮雨霏微，
乱峰相倚。
巫峡高唐，锁楚宫朱翠。
画戟移春，靓妆迎马，
向一川都会。
万里投荒，一身吊影，
成何欢意！
尽道黔南，去天尺五，
望极神州，万重烟水。
樽酒公堂，有中朝佳士。
荔颊红深，麝脐香满，
醉舞裀歌袂。
杜宇声声，催人到晓，
不如归是。

终哲宗一朝，黄庭坚始终流寓西南，直到宋徽宗即位，改元"建中靖国"，平衡新旧之争，黄庭坚才短暂获赦，返回江南。途经荆州时，承天寺僧人恳请黄庭坚为寺中新修佛塔作记，向来信佛的黄庭坚欣然答应。等到他写完之后，同在现场的湖北转运判官陈举提出请求，希望将自己的名字也加入到碑记中，以"托名不朽"，黄庭坚没有答应，这让陈举怀恨在心。

这一年是1101年，秦观此前已经死于藤州，苏轼北归途中死于常州。到了年底，黄庭坚的好友与弟子陈师道也不幸离世，死因更令人扼腕：陈师道授官秘书省正字，有资格参加郊祀大典，可家中穷到棉袄都找不出来，他的妻子去赵挺之家借了一件，陈师道恪守师道，坚决不穿，直至冻病而死。

师友一个个逝去，年老体弱的黄庭坚且行且艰难，于次年二月才抵达岳州，写下了那首千古传颂的《雨中登岳阳楼望君山》：

"投荒万死鬓毛斑，生出瞿塘滟滪关。未到江南先一笑，岳阳楼上对君山。"

可惜这仍不是最后的结局，在蔡京主持下，徽宗朝的政治环境再度恶劣起来，蔡京两度制作元祐党人碑，将元祐年间立朝的官员悉数列为奸党，黄庭坚少不了名列其中。不仅如此，朝廷还下令将苏洵、苏轼、苏辙父子三人和黄庭坚、张耒、秦观、晁补之等人的文集毁版，也就是将刊刻的雕版毁去。

对黄庭坚致命的一击，仍来自老上司赵挺之。崇宁年间，赵挺之官运亨通，由御史中丞升至宰相，那位恳求添加名字未果的湖北转运判官陈举，将黄庭坚的承天寺碑记添油加醋解读为"幸灾谤国"，呈递给赵挺之，于是黄庭坚被除名，编管广西宜州。

黄庭坚这一去就再也未能回来。崇宁四年（1105年），六十岁的他悄然病逝于宜州，实可谓"万事尽随风雨去，休休"。

苏门四学士中，黄庭坚年纪最大，中举最早，声望最高，受声名之累也最重。他自幼苦读诗书，中进士后做了十几年小官，编了几年神宗实录，几乎没有实质性参与过新旧两派之争，最后的十余年却都在贬谪中度过，如此经历，只能反衬出神宗父子的刚愎自用与刻薄寡恩。

好在黄庭坚还有名扬天下的诗、词、书法，就连毁版也无法禁绝。"桃李春风一杯酒，江湖夜雨十年灯"，足以点亮他遭受禁锢的那段黑暗时空。

秦观

金风玉露
人间无数

秦观是苏门四学士中最悲惨的一个，

在艰难困窘之中，

秦观词呈现的仍然是美感与从容。

一

七夕晚上，必有人记得秦观的《鹊桥仙·纤云弄巧》。

"金风玉露一相逢，便胜却人间无数"和"两情若是久长时，又岂在朝朝暮暮"，都是金句。

民间传闻，翩翩美少年秦观，娶了苏轼的妹妹苏小妹，夫妻二人相互唱和，也相互较劲，留下不少经典之作，这阕词就是其中之一。

动听的故事往往都是假的。真实的秦观，

是个满脸大胡子的粗犷汉子，既没有娶苏小妹，也没有佳公子的福分，他的平生经历，只验证了一句话：

人生艰难。

<h1 style="text-align:center">二</h1>

1078年，扬州高邮学子秦观，沿汴河北上京师赶考，途中特地绕行徐州，拜访知州苏轼。寒暄蹭饭之余，秦观套用李白名句，恰如其分地表达了景仰之情：

"我独不愿万户侯，惟愿一识苏徐州。"

对这样的吹捧套路，隐隐已有海内文宗风范的苏轼，简直比穿衣吃饭还要熟悉。出于士林礼节，苏大学士顺手写了一首很普通的诗回赠，从诗题就可以看出，两人交情还没到特别熟络的地步：《次韵秦观秀才见赠，秦与孙莘老、李公择甚熟，将入京应举》。

宋代科考越往后越严格，试卷糊名，由专人誊抄，严禁拉关系走门路，苏大学士的赏识也帮不上什么忙，秦观赴京应试失败。这时科考已经由宋初的一年一次改为三年一次，秦观想要考试还得等上两年。他只能黯然回家。

回家之后，秦观特地给苏轼捎去了土特产，还写了首诗做产品介绍，我们由是知道了这一对吃货的口味。土特产中包括著名的高邮咸鸭蛋，还有新鲜子姜，用酒浸泡过的糟鲫鱼和醉蟹，以及干鱼、蛤蜊酱等。

君子之交淡如水，这些特产都是高邮乡野常见的物事，秦观家并不阔气，四十余口人，百余亩田地，人均两亩地，遇上年成不好还闹粮荒，这些礼物看上去委实有些心酸。

但秦观的心思没白费，苏大学士看重的是诗文人品，他欣然收下礼物之后，还托人回礼，他对秦观的称谓，也从陌生的"秦观秀才"，变成亲昵的"秦太虚"。秦观从此与大、小苏两人诗文往还，情契终身。

第二年，苏轼调任湖州知州，途经高邮，秦观干脆以南下省亲为由头，跟着一路同行，相处月余，吃喝饮宴，分韵作诗，两人关系陡然紧密起来。

三

秦观前脚刚离开湖州，苏轼跟着就开始走背运。

事情是这样的，神宗皇帝自即位之后不久，重用王安石，全方位展开变法，出台了一系列新法措施，旨在富国强兵。这些举措短期内可以大幅增加国库收入，但就当时的行政水准和官吏素质而言，扰民也是难以避免的。

新法一出台，反对者众，苏轼也是其中之一，被王安石大为嫌恶，为了避风头，苏轼干脆自请离京，到地方上加强锻炼。

这一锻炼就是七八年，苏轼始终牢骚不断，甚至在调任湖州的谢恩折子里也不忘挖苦新法，赶上神宗皇帝亲自走上前台主持变法，苏轼这两句牢骚，自然逆了龙鳞，给到处寻找猎物的御史台抓了个正着。

御史中丞李定从苏轼公开出版的诗集里，翻出不少反对新法的罪证，他随即指控苏轼大逆不道，神宗皇帝大怒，指示御史台将苏轼从湖州逮到京城，一番讯问之后，苏轼认罪，连带着在朋友圈里分享过其诗歌的众多朝臣也受到牵连，这就是著名的"乌台诗案"。

最后，苏轼被贬为黄州团练副使，从地方大员变成了基层干部，他的弟弟苏辙也受到牵连，打发到筠州负责盐酒专卖。

苏轼走了霉运，秦观只有自求多福。不料坏消息一个接一个，此后几年，他连续两届科考失败，还意外卷入了一起诏狱之中。

卷入诏狱一事，秦观讳莫如深，仅在给密友的书信里稍稍提了几句，尽管他澄清了嫌疑，为数不多的家财却一扫而空，他不得不先想法子养家糊口。除此之外，秦观到处投谒诗文，以这种成本最低的方式，执着地巩固发掘人脉。孙觉、李常的恩师吕公著，宰相王珪，前宰相王安石，这些大人物仅仅给出一个口头评价，就能让秦观高兴很久。

但身处阶层严重固化的时代，科举功名，始终是勒在秦观脖子上的一根粗索，将他压得透不过气来，后人看来锦心绣口、满纸绮丽的词作，掩盖了秦观生活的真相，娱乐色彩浓厚的佳句背后，是不带半点含糊的世事苍凉。

"金风玉露一相逢，便胜却人间无数。"

人间无数是心酸。

四

世事难料，突然改变秦观命运走势的，是元丰八年的一场火灾。

这年二月，各地考生进京应礼部贡举，知贡举的正是当年办乌台诗案的李定，刚刚考完，礼部贡院突然在一天凌晨发生大火，包括部分值班官员在内，四十多人葬身火海，大多数参加省试的考生试卷，在大火中化为灰烬。

三十多岁的秦观这已经是多次报考，说巧不巧，他的试卷也被大火烧掉了。

也许文运确实连着国运，国考还没重启，国丧又来了。三月间，比秦观只大一岁的神宗皇帝驾崩，小皇帝哲宗即位，英宗皇后高氏以太皇太后身份处理军国事。

忙完大行皇帝的葬仪和新皇帝的登基，已经到了四月份，诏书匆匆忙忙下来，宣布礼部再举行一次考试，简化考试流程，至于往年最为关键的殿试，因为小皇帝才九岁，又在国丧期间，直接免考。

天上真有掉馅饼的时候，这一年录取了五百七十五名正牌进士，另外还有八百四十七人获得荣誉性质的特奏名进士。

困顿多年的秦观一举及第，他在谢恩折子里满怀"捡漏"的兴奋："特免试言，径跻仕版。技能莫效，初如不战而屈人；名宦亟成，更类无功而受禄。"

翻译成大白话就是，这都没怎么考呢，就直接录取了，无功受禄，多不好意思。字里行间，充满浓郁的捡了大漏的意味。

比秦观更兴奋的大有人在，对变法持保留意见的官员们，十几年来被排挤到边缘，受尽窝囊气，看着"新进"之辈骄横当道，自然不会给神宗皇帝太多好评，神宗皇帝这一死，朝局变迁指日可待。

小皇帝哲宗改年号元祐，在太皇太后主持下，元祐初年，苏轼、苏辙兄弟渐次还朝，迅速站稳脚跟，黄庭坚、张耒、晁补之同时考入秘书省，一个以苏轼为中心，以文学交流为活动形式的共同体正式形成，文学上风格趋同，政治上一起进退，不管有意还是无意，苏轼开始了实质上的开宗立派，世称"苏门"。

苏门师友在京城热闹成一团的时候，秦观只能远远看着，考上进士之后，他被分配到蔡州，担任负责文教工作的学官，这是个薪水微薄的清闲岗位，秦观带着一家老小住在佛寺里，开始了清冷的教授生涯。

五

从蔡州到京师才五百里地，交通便捷，秦观得以和京城展开高密度的联络，他的目标很简单：和黄庭坚他们一样，进入秘书省任职，从而走进升官的快车道。

时运一向不太好的秦观，这五百里地走得可不轻松，在列入苏轼门墙的才俊中，秦观年龄偏大，起步偏晚，受官场熏染较少，也就缺乏相应的职场素养，他生性疏阔，不拘小节，这在文网日渐绵密的北宋后期，绝不是什么好事。

工作轻松无聊，秦观看中了蔡州营中的官妓娄琬，与其关系日渐亲密，这个穷教授除了文学修养，实在没什么好送的，就写了一首《水龙吟·小楼连苑横空》送给娄琬：

小楼连苑横空，下窥绣毂雕鞍骤。朱帘半卷，单衣初试，清明时候。破暖轻风，弄晴微雨，欲无还有。卖花声过尽，斜阳院落；红成阵，飞鸳甃。

玉佩丁东别后。怅佳期、参差难又。名缰利锁，天还知道，和天也瘦。花下重门，柳边深巷，不堪回首。念多情，但有当时皓月，向人依旧。

这阕词传到京城，苏轼嘲讽道："又是连苑，又是横空，又是绣毂，又是雕鞍，未免太忙乱了一点。"

话里话外，其实都在暗示秦观太过放浪形骸。此时的苏轼吃过乌台诗案的大亏，深知祸从口出的道理。他的担忧并不多余，道学家程颐读了这阕词之后，揪着词中"天还知道，和天也瘦"八个字，斥责秦观拿天老爷说事，亵渎天帝，这已经不是一般的借题发挥了。

苏轼和程颐之间的纷争，直接影响到了秦观的前程，秦观本来有机会升至太常博士，结果程颐的门生朱光庭连捎带打，以品行轻薄、恶行累累为理由，硬是将秦观的任命拦截下来。还是在宰相范纯仁推荐下，秦观才得以来到京城，任职秘书省校对黄本书籍。

宋代高薪养廉，那说的其实是中高级官员，低级官员日子照样苦，甚至有卖女儿凑盘缠赴任的。秦观寄住京师，只能租房子，甚至还遭了一次贼。有小偷半夜在墙上打洞摸进来，抢走了他的被子衣服，他一介书生，抢不过人家，两名仆人在一旁看着也不帮忙，眼睁睁看着东西被夺走。

做官做到让贼人抢了被子，秦观这经历在大宋也是独一份了。

元祐六年（1091年），秦观终于在御史中丞赵君锡推荐下，升任从八品的秘书省正字，这原本是件大好事。但秦观的运气真是差到极点。时任侍御史贾易也是程颐的门生，他正在弹劾如日中天的苏轼、苏辙兄弟，顺手将秦观也带了进来。

严重缺乏职场经验的秦观，做了一件很冒失的事情。他私下里找到赵君锡，想说服赵君锡弹劾贾易，这一下可犯了大忌讳。北宋有"元气在台谏"之称，台谏官员独立性很强，侍御史虽然也是御史台属官，却并不一定要与御史中丞意见一致，何况贾易个性极强，赵君锡也未必能奈何得了他。

秦观和赵君锡地位悬殊，就是酒桌上见过几次面的关系，赵君锡不过是碍着面子当了一回推荐人，秦观这番游说，效果可想而知。

就在秦观找赵君锡的当晚，另一位苏门弟子王遹也来到赵家，传递的意见与秦观差不多。赵君锡虽然平素与苏轼交好，但是在这节骨眼上，他却只想自己脱身，公开上章表示看错了秦观，还把苏氏兄弟给卖了。

这一番鸡毛蒜皮的争执，连太皇太后高滔滔看着都着急，按照程序，苏轼和贾易双双被外放，秦观的秘书省正字自然也成了泡影。

六

直到元祐八年（1093年），秦观终于迎来了人生中第二个小高潮。六月，他如愿以偿成为秘书省正字，继而在宰相吕大防推荐下，与同为苏门弟子的黄庭坚、张耒、晁补之一起，进入国史院任编修，国史院编修可称小学士，如此一来，"苏门四学士"终于名正言顺聚齐了。

进入馆阁意味着进入升职的终南捷径，不少重臣都是从这里起步，年近四十五岁的秦观品秩虽低，但一切顺畅的话，就有可能弯道超车，快速弥补前半生的遗憾。

皇家的赏赐应该不算吝啬：名家制造的名墨、淄石砚、盘龙麦光纸、点龙染黄越管笔，另外还有器物和钱币，穷了一辈子的秦观，拿到这些名字老长的御用文房四宝之后，想必是很得意的。

可惜，这一年是元祐八年。

这年九月，一直勉力维持朝政的太皇太后高滔滔去世，十六岁的哲宗皇帝亲自接棒。个性倔强的哲宗，对英年早逝的父皇推崇备至，长达八年的垂帘听政，大臣们向太皇太后汇报工作，他就这么孤零零地坐在龙椅上，看着大臣们的屁股长大，多年积累的愤懑，加上对祖母的叛逆，让他再也无法容忍旧党对父皇的清算。

哲宗一上台，就把大臣们挨个儿整顿了一遍，苏门更是牵涉甚广，苏轼最先被贬出京，接着是做到了副宰相的苏辙，然后黄庭坚、晁补之、张耒，一个不落，全都被赶出京城。

苏门四学士中，秦观入仕最晚，官做得最小，但走起背运来，却一点都不比其他人少。他先是被贬为杭州通判，还没到任，中途又被贬到处州监管茶盐酒专卖。这还不算，几年之后，连茶盐酒收税的活儿也不让他干了，直接削除官职，流放到郴州任编管。

正是在郴州时，秦观写下了另外一首名作《踏莎行·雾失楼台》：

雾失楼台，

月迷津渡，

桃源望断无寻处。

可堪孤馆闭春寒，

杜鹃声里斜阳暮。

驿寄梅花，

鱼传尺素，

砌成此恨无重数。

郴江幸自绕郴山，

为谁流下潇湘去？

以前总是不理解，秦观写词就写词，哪来这么多悲情，一点都不慷慨，现在知道了，秦少游，此刻的身份是钦犯，没有职位，没有收入，带着一大家子被禁锢在郴州，其中，还有他七十岁的老母亲。

七

接下来，秦观进入了生命的倒计时状态。

四十九岁，秦观从郴州流放到广西境内的横州。

五十岁时，秦观从横州流放到雷州，这一年，苏轼流放海南儋州，师生二人，隔海相望，凭借诗书互通音讯。

熬到五十一岁，哲宗皇帝驾崩，宋徽宗继任，天下大赦。苏轼、秦观奉诏迁移内地，这年六月二十五日，两人匆匆在雷州的海康见了一面，这也是他们最后一次见面，金风玉露一相逢，已是天涯海角。

离别时，形容惨淡的秦观写道：

南来飞燕北归鸿，

偶相逢，

惨愁容。

绿鬓朱颜，重见两衰翁。

别后悠悠君莫问，

无限事，不言中。

小槽春酒滴珠红。

莫匆匆，

满金钟。

饮散落花流水各西东。

后会不知何处是，

烟浪远，暮云重。

"后会不知何处是，烟浪远，暮云重。"确实后会无期了。两个月后，秦观在藤州光华亭病逝，临终前，他要了一杯水，水还没喝到，他笑了笑，死了。

回想二十二年前，豪气干云的秦观初次拜谒苏轼，他写的那首诗里，最后一句是："请结后期游汗漫。"

一语成谶，这位人生坎坷的词人，把生命的最后一段，丢在了汗漫无垠的大海边。

钟情处
总有风雨

贺铸

宋代武官不啻千万，
但钟情于文艺，
并且顺利走进文学史的，
贺铸也许是第一位。

一

宋代词人中，贺铸是个特殊的存在，他以"一川烟草，满城风絮，梅子黄时雨"知名，世称"贺梅子"。

贺铸身长七尺，眉目耸拔，面色铁青，宋人喜欢取外号，管他叫"贺鬼头"，这长相跟清丽的梅子半点都不搭界。

他是荫补起家的武官。有宋一代最重"出身"，进士属于"有出身人"，位于职场鄙视链顶端，上可以入馆阁、登两府，下可以任州、县亲民官。荫补官员则很难跻身高层，大多在州县幕职、财务监转悠，或者做《水浒传》里何涛那样的巡检，听知州使唤。

这些基层工作，贺铸都干过。

北宋词人多为士大夫，形象光鲜、地位清要。贺铸的经历完全不一样，他年轻时忙着监制兵器、监制铜钱、巡查治安，十足"上班族"形象。晚年为了拿工资，他还不忘挂一份闲差。这样踏实的人生，很琐碎，也很值得。

二

十七岁那年，贺铸带着两个人生目标来到京师：找工作、娶媳妇。

要说背景，贺铸多少有一点。他的六世祖贺景思之女，是宋太祖赵匡胤的原配夫人，后来被追封为孝惠皇后，因此贺家算是名正言顺的外戚。不过开国百年之后，这点瓜蔓亲能不能派上用场，全靠运气。

要说文才，贺铸多少也有一点。他七岁发蒙，学习五七言声律，"日以章句自课"。可父亲去世得早，家境中落，他没有机会再多读书。

大概是在亲友撮合下，贺铸迎娶了宗室济国公赵克彰的女儿，完成了第一项目标。

娶宗室女的好处是显而易见的：宗室女出嫁，由官方发放嫁妆，这笔钱大概在三百贯至五百贯之间，顶得上普通官员一年的俸禄。此外，宗室女的夫婿还可以荫补低级武官。

这时正是熙宁年间，宋神宗在王安石辅佐下展开变法，宗室待遇问题也是新政的内容之一。新法规定，享受荫补的年龄可以提前到二十岁，前提是要经过更加严格的考试。

贺铸赶上了这一波福利，娶了赵家的女儿之后，荫补为右班殿直，属于三班小使臣序列，这年他大概刚过二十岁。他当过一段时间侍卫，"曾陪羽林仗，如待景阳钟"，其后又去监军器库门，也就是管理军械仓库。

谁都有少年意气的时候，京师四方辐辏，繁华热闹，贺铸过起了使酒任气、飞鹰走狗的生活，他后来在《六州歌头·少年侠气》中回忆道：

"少年侠气，交结五都雄。肝胆洞，毛发耸。立谈中，死生同。一诺千金重。推翘勇，矜豪纵。轻盖拥，联飞鞚，斗城东。轰饮酒垆，春色浮寒瓮，吸海垂虹。间呼鹰嗾犬，白羽摘雕弓，狡穴俄空。乐匆匆。"

熙宁年间，正当宋朝对西夏用兵，按说对兵甲要求颇高，实际上却不是这么一回事。军器原本由各地上供，但质量极差，中间猫腻大概不少，就连神宗皇帝也吐槽说：

"天下州军上供兵器……率皆苦恶，枉费牙钱运致。"

两年后，神宗干脆废除原来的军器供应制度，专门设置军器监，很可能是这一次机构变动，让贺铸失去了军器库的工作，他改往河北临城县监酒税。

宋代实施酒类专卖制度，酒税对朝廷来说是很重要的一笔收入，因此会专门安排监官往地方上督查、征收酒税，苏辙、秦观等人后来也贬官监过酒税，苏辙记录说："昼则坐市区鬻盐、沽酒、税猪鱼，与市人争寻尺以自效。"

足见这份基层工作很烦琐，士大夫们抹不开面子干这些，可别人的贬官生涯，对于贺铸来说是日常，他一板一眼干活，经常自己动手算账，这样的认真劲儿，恰恰是士大夫阶层所缺少的。

临城隶属赵州，在北宋时期，这一带属于宋辽边境，通常采用军事化管理，州官也多由武官担任，因此贺铸还代理过一段时间临城县令，"三日决滞讼数百，邑人骇叹"，贺铸的才干一览无余。

元丰元年（1078 年）六月份，贺铸从临城县调任磁州都作院，这次他干回了老本行，负责监督兵器制作，"治戎器坚利为诸路第一"，这样实在的政绩正是大宋所需要的，远胜京中馆阁之士那些叠床架屋的雄文。不过文武殊途的后果，是"十年泥淖贱，半生靴板忙"的匆忙，贺铸的工作无人欣赏，他只能自己写在词里：

"似黄粱梦。辞丹凤，明月共，漾孤篷。官冗从，怀倥偬，落尘笼。簿书丛，鹢弁如云众，供粗用，忽奇功。笳鼓动，渔阳弄，思悲翁。不请长缨，系取天骄种，剑吼西风。恨登山临水，手寄七弦桐，目送归鸿。"

三

元丰四年（1081 年），三十岁的贺铸结束磁州差遣回到京师，他这时已经工作十年之久，待遇仍然很低，"日俸才百钱，盐虀犹不供"。日俸百钱，换算成月薪就是三贯，连盐之类的调味品都买不起，他急切需要一份新差事，这样才能领取职务津贴。

此时的宋神宗正梦想着击败西夏，复汉唐故土，成立一番旷世功业，庙堂上的运筹帷幄，具体落实到贺铸这里，就是一份待遇不错的新工作：他被派往徐州宝丰下监任职。

对西夏用兵，和千里之外的徐州有什么关系？原来陕西前线兵马聚集，财政消耗严重，现金不足，于是朝廷在徐州设置了宝丰下监，每年铸折二大钱二十万贯，转移支付给陕西。

按照当时的制度，三班使臣管理钱监，每月光津贴就有十五贯至二十贯之多，是贺铸基本工资五倍以上。他负责监制的折二大钱，一枚可抵普通铜钱两枚，其中隐藏的利润可想而知，"十年去国仕，遇得才微芒"之后，贺铸迎来了仕途的小高峰。

人逢喜事精神爽，贺铸在徐州任上饮宴游历，过着"侯庖富馔美鲥鲈，寸鬣分鳞辱刀几"的幸福生活，他与同事们设立彭城诗社，相互唱和，其中就包括成语"程门立雪"的主角杨时，还有徐州教授李昭玘。

元丰初年，苏轼曾知徐州，贺铸与李昭玘都没来得及与苏轼相识，但他们都以苏轼为诗社的灵魂人物，吟咏诗歌也不时提及苏轼，很像后世粉丝与偶像的关系。

熙宁、元丰时期，苏轼这样的所谓旧党在朝堂上一再失势，而贺铸私心亲近苏轼，哪怕苏轼此时贬官黄州，他也毫无顾忌地称赞"当时贤守维苏侯"，如此质朴的感情，很能代表朝野对于苏轼与新法的真实态度。

假如贺铸知道千年之后，他因为填词而与苏黄等人并称，一定能笑出花来。

相比苏、黄这些起点高的一流诗人，贺铸平生创作，既没有高人引导和指点，也没有人为他抬身价，他就像算账一样，老老实实写诗，写了数千首之多。他的诗作，明显和"以文入诗、讲求义理"的欧阳修、苏轼不一样，偶尔也能得到名家赏识，却很少达到洛阳纸贵的效果。

唯独在填词方面，贺铸表现出了独有的天赋，他和柳永一样，经常出入烟柳之地，与歌姬往还，"紫陌尘埃日驰逐，青楼灯火夜经过"，他深谙市井口味，又擅长音律，能自度曲目，创作出了不少新词曲。《国门东·车马匆匆》显然就是他在京师时创作的新曲目：

车马匆匆，会国门东。
信人间自古消魂处，指红尘北道，碧波南浦，黄叶西风。
候馆娟娟新月，从今夜、与谁同？
想深闺独守空床思，但频占镜鹊，悔分钗燕，长望书鸿。

在临城期间，他吸纳北曲，作《石州引·薄雨收寒》：

"薄雨收寒，斜照弄睛，春意空阔。长亭柳色才黄，远客一枝先折。烟横水际，映带几点归鸿，东风销尽龙沙雪。还记出关来，恰而今时节。　　　　将发。画楼芳酒，红泪清歌，顿成轻别。回首经年，杳杳音尘都绝。欲知方寸，共有几许新愁？芭蕉不展丁香结。枉望断天涯，两厌厌风月。"

这两首词都是他赠予相好的歌姬之作，惟其如此，才比端着架子写出来的诗更见真挚，更见情深。

四

贺铸在徐州过了几年好日子，西北边境的战事却屡屡失利：元丰四年，宋军五路进攻西夏，几乎没有取得什么战果；元丰五年，数十万夏军大举反攻宋军花大力气修建的永乐城，宋军两百多位将官、一万两千三百余兵卒阵亡。宋神宗从此一蹶不振。元丰八年，这位一心建不世功业的皇帝郁郁而终，不满四十岁。

神宗死后，小皇帝哲宗即位，改年号为元祐，神宗的母亲高氏以太皇太后身份垂帘听政，她召回在西京赋闲多年的司马光为相，苏轼等人也先后回朝任职，神宗时期的新法几乎全盘废除。

朝局的变迁，又一次直接影响到了贺铸：原本为西北军务而设的徐州宝丰下监被撤，他的工作岗位没了。

贺铸进入了一种很尴尬的状态，从精神层面来说，他更多倾向于苏轼这些"旧党"，可是从他入职开始，命运就与神宗变法的举措紧紧捆绑在一起，算是新法的"既得利益者"。不承想，一心仰慕的苏轼等人青云直上，他自己的生活却降到了低谷。他写过《踏莎行·杨柳回塘》一词，很能反映这种尴尬局面：

杨柳回塘，
鸳鸯别浦，
绿萍涨断莲舟路。
断无蜂蝶慕幽香，
红衣脱尽芳心苦。

返照迎潮，
行云带雨。
依依似与骚人语。
当年不肯嫁春风，
无端却被秋风误。

他在京师等待了整整两年，闲到坐在家里晒太阳，这种无奈的煎熬，大概只有亲历者才能懂。迟至元祐三年（1088 年），贺铸等到了他的新工作：和州巡检。巡检是地方治安官，通常由武职出任，这份工作比起钱监要辛苦得多，待遇也不会太好，不过三十多岁的贺铸要养家糊口，由不得他左挑右选。

熬到这年七月，贺铸终于迎来了职场的第二个小高峰：他成功从武官改文官，官阶为承事郎。

宋代武官改文官的人数极少，几乎一张图表就能开列出来。一者中低级武官俸禄比同品级的文官要高，二者武官改文官需要考试，考生至少得通一经，还要求作诗赋或是策论，这对行伍出身的武官来说难度特别大。另外，武官改文官需要有相当资格的臣僚推荐才行。

贺铸的三位推荐人非同一般：吏部尚书李清臣，翰林学士范百禄，还有苏轼。背后牵线促成这桩美事的，应该是贺铸在徐州的老同事李昭玘，李昭玘这时已经拜在苏轼门下，完全有能力帮老朋友完成这桩心愿，他甚至还帮助贺铸代写了改官后给朝廷的谢表。

贺铸貌似淡定地写道："聊辞唥等伍，滥作诗家流。少待高常侍，功名晚岁收。"他感慨自己终于脱离了樊唥那样的武人队伍，期待能像盛唐诗人高适那样晚岁封侯。

不过现实还是有点出乎贺铸的意料，他改官后，仅仅获得监北岳庙的差遣。监北岳庙这类祠禄官是宋代的独创，宋真宗崇信道教，普天下盖宫观，还让官员们兼祠禄官管理宫观，实际上根本不用去，白拿一份薪水，实在是天底下最好"摸鱼"的活计，当然，做祠禄官也不可能有什么前程可言。

反正有薪水可拿，贺铸干脆请了病假，前往海陵休养，他这一去就是两年，恰恰避开了朝堂上的翻云覆雨。

元祐八年（1093 年）秋天，太皇太后高氏病逝，十七岁的哲宗亲政。他在垂帘听政的状态下，受了群臣八年冷落，青春期的叛逆，加上对父亲神宗的景仰和眷恋，让这位年轻的皇帝极为亲近变法派。他改元绍圣，意思是继承父亲遗志，还全盘复刻了神宗时期的政策，苏轼等人很快遭到贬斥。

在海陵养病的贺铸得知苏轼贬谪岭南，写了一首格调还算激昂的诗歌，以贾谊和韩愈贬官的经历来慰藉苏轼，他的诗歌总是有些刻意，从中很难知道他的真实想法如何。

五

朝堂格局的改变，再一次以很直接的方式落到贺铸头上：他被任命为江夏宝泉监，重新干起了监督铸钱的老本行。

贺铸欣然赴任江夏，他戏谑地将书斋取名"阿堵斋"，士大夫们清高到不愿意谈钱字，称钱为"阿堵物"，贺铸的工作恰恰要每天和钱打交道。他出身清寒，习惯了锱铢必较，对钱是如此，对文字也是如此。在江夏期间，他将往日诗歌悉数整理了一遍，留下自以为得意的篇章，并一一标注上写作时间和地点，命名为《庆湖遗老诗集》。

尽管时局天翻地覆，苏轼、黄庭坚、秦观都遭到贬官，地位陡变，贺铸仍然将怀念他们的作品收在集子里，半点不怕犯忌讳。

贺铸这部诗集里，一首词都没有收录。他一辈子都梦想挤进士大夫群体，以诗歌为正宗，对于词这种游戏人间的小道，他不敢太看重。

古往今来有多少大诗人生平都不为人所知，只在史籍上留下寥寥数语，何况是像他这样的小人物？

他害怕被人遗忘。

历史给贺铸开了两个不大不小的玩笑：他景仰反对新法的苏轼，自己却一再从新法中获益；他一心想当个好诗人，人们记住的却是他的词人身份。

贺铸晚年，仍旧过着风花雪月的日子，与歌姬缠绵，写很艳情的词，他也总是入不敷出，不得不在致仕之后多次复出，当冷火秋烟的祠禄官，拿一份津贴过日子。受益于贺家那位老太后的恩典，贺铸后来升任正七品朝奉郎，这是元丰官制变革后的新称谓，若论品阶，正与柳永的屯田员外郎在同一级别。

中年之后，就要慢慢开始接受别离。贺铸先是失去了女儿，又失去了妻子。亲人走的那一刹那，人或许不会有太多感触，反倒是回过神来，看到家里昨天还热烘烘的床，没补完的旧衣衫，才会惊觉斯人已不在，于是悲从中来，不可断绝。

贺铸的《鹧鸪天·重过阊门万事非》，表达的正是这个意思：

"重过阊门万事非，同来何事不同归？梧桐半死清霜后，头白鸳鸯失伴飞。　　　原上草，露初晞。旧栖新垅两依依。空床卧听南窗雨，谁复挑灯夜补衣？"

与贺铸交好的歌姬也离他而去，当凌波仙子不再出现于日常熟悉的横塘路，对她的思念就充盈在贺铸身边的每一个角落，当此之时，就算周天春色又如何？

凌波不过横塘路，
但目送、芳尘去。
锦瑟华年谁与度？
月桥花院，
琐窗朱户，
只有春知处。

飞云冉冉蘅皋暮，
彩笔新题断肠句。
若问闲情都几许？
一川烟草，
满城风絮，
梅子黄时雨！

"一川烟草，满城风絮，梅子黄时雨"，都是飘飘荡荡，没有根基，无法永恒之物。

也许无常即是人生真面目，失去挚爱的贺铸，不得已远离繁华热闹，旅居于常州僧舍，聆听暮鼓晨钟，直到悄然病逝。

他一辈子都和"铸"字在打交道，铸兵器，铸钱，也铸炼平常词句，按照现世标准，他远远算不上成功。

可是，解作江南断肠句，只今惟有贺方回。

好一个
惨绿少年

周邦彦

清新

周邦彦是宋代词人中的"专业人士"，
他少年时因缘际会登上历史舞台，
生平遭遇也与此息息相关。

一

　　在十二世纪的著名词人中，周邦彦算是
小字辈。

　　他出生于嘉祐年间，这当儿，老一辈的
柳永、晏殊、范仲淹已经过世，年轻一辈的
苏轼、黄庭坚、晏几道、贺铸要么已经出道，
要么即将成年。未来，宋词在他们手中几经
磨砺，往各自擅长的方向延展，如水银泻地，
只待有人出来做出规范，成就为一代之文学。

　　斯人生于斯世，斯世乃有斯人。周邦彦
于是应运而生。

来得晚有来得晚的遭遇，也有来得晚的好处。宋代出仕有三大途径：进士，荫补，还有军功。周邦彦与这些都不沾边，他是太学生出身，这完全是宋神宗治下的新生事物，因此之故，周邦彦的履历在词人中颇为独特。

周邦彦精于曲律，讲究文词，后人将他奉为北宋词家正宗，王国维甚至称其为"词中老杜"。

周邦彦能否比肩老杜且另说，他的运气比杜甫实在好得多了。

二

元丰初年，钱塘少年周邦彦游历各地之后，来到京师寻找出人头地的机会。他聪明好学，名声却不太好，乡里视他为"疏隽少检"之辈，意思不外乎是说他放浪形骸。

词本为娱乐而生，无须背上文以载道的沉重包袱，少年时期喜好游乐的词人，对音律和传播的领悟力通常都高出一筹，周邦彦也不例外，他早年所作《苏幕遮·燎沈香》就很是清新可爱：

"燎沈香，消溽暑。鸟雀呼晴，侵晓窥檐语。叶上初阳干宿雨，水面清圆，一一风荷举。　　故乡遥，何日去？家住吴门，久作长安旅。五月渔郎相忆否？小楫轻舟，梦入芙蓉浦。"

比俗语略微高出一筹的寻常字眼，中节合韵，道尽平常事，正是诗词易于传播的关键所在，周邦彦善于锤炼字句，"水面清圆，一一风荷举"令人印象深刻，正是对文字的敏感，给他带来了一生享用不尽的好处。

就在元丰二年，神宗皇帝命内侍宋用臣扩建太学生宿舍，不久后开始扩招太学生，扩招后太学生分为三类，其中外舍生两千，内舍生三百，此外还有上舍生一百，外舍生通过考试可入内舍，内舍生通过考试可入上舍。上舍生根据成绩，分别享受直接参加礼部试、直接参加殿试的待遇，甚至可以直接授官。

宋用臣扩建后的宿舍，堪堪也就够内舍生和上舍生住宿，周邦彦大约在元丰六年成为太学外舍生，要想在两千多人里凭考试脱颖而出，可不是件容易的事。

周邦彦选择了和杜甫同样的求职方法：献赋。他精心构撰了七千余字的《汴梁赋》，进献神宗，赋中以虚构人物"发微子"和"衍流先生"的对话，铺陈汴梁胜景，最后落在汴梁无险可守，全靠皇帝盛德维系之上，并着力歌颂了神宗新政以来的繁荣景象。

太学生们献赋献颂的数以百计，神宗都瞧不上，唯独觉得周邦彦"文采可取"。有故事说，神宗命翰林学士李清臣当众诵读此赋，结果其中生僻字太多，李清臣只能按偏旁来读，勉强蒙混过关。

周邦彦所作《汴梁赋》流传至今，确有一些生僻字眼，而李清臣和苏轼并称，应该不至于如此荒唐。这个故事大约是要体现周邦彦的殊遇，因此多增添了几分传奇色彩。

献赋得到认可，周邦彦授官"试太学正，寄理县主簿尉"，由外舍生一跃成为九品官员，这在重实学轻文采的神宗一朝，确实罕见。

周邦彦授官的第二年春天，神宗陡然离世，接下来的元祐时期，司马光等尽废新法，太学也受到了影响。太学原以王安石领衔编撰的《三经新义》为教材，到元祐年间，这些经义自然要改换，这对于苦学经年的太学生来说，是难以接受的事情。

在太学几年间，周邦彦受献赋授官的意外之喜驱动，潜心学习。他此时地位低微，与朝堂的暴风骤雨有足够的安全距离。不过，生性好游玩的周邦彦在京师少不得流连街巷，他的名作《少年游·并刀如水》如实描述了这段经历：

并刀如水，
吴盐胜雪，
纤手破新橙。
锦幄初温，
兽烟不断，
相对坐调笙。

低声问：
向谁行宿？
城上已三更。
马滑霜浓，
不如休去，
直是少人行。

这首词写得极为精巧，上阕从细节开始，几个特写镜头渐次拉开，画面温馨宁静；下阕直接切换到女孩儿充满期待的话语，细腻婉约。这首词的绝妙之处在于，话语被精心编排过后，既合乎韵律，又没有斧凿痕迹，如此独特的表达方式，只可能在宋词当中出现。

三

以周邦彦"试太学正"的地位，很难在人才扎堆的汴梁城里出头，元祐二年，他出任庐州教授，这是新法以来在各州军设置的新岗位，进士出身的赵挺之、黄庭坚、秦观都曾在各地担任教授，因此周邦彦之官并非被贬谪，而是正常的调动。

学官地位很特别，品级不高，日常工作属于为正事添砖加瓦型，与知州没有直接利益冲突，甚至还因为文才优长，可以为知州代写奏疏文字，日子不会太难过。周邦彦事务清闲，庐州又非京师那样的热闹去处，他想念京师交好的女子，自度《宴清都》一曲，叙说个中煎熬：

"地僻无钟鼓。残灯灭，夜长人倦难度。寒吹断梗，风翻暗雪，洒窗填户。宾鸿谩说传书，算过尽、千俦万侣。始信得、庾信愁多，江淹恨极须赋。　　凄凉病损文园，徽弦乍拂，音韵先苦。淮山夜月，金城暮草，梦魂飞去。秋霜半入清镜，叹带眼、都移旧处。更久长、不见文君，归时认否。"

或许是当教授天天得带学生读书的缘故，这首词里典故较多，周邦彦擅长铺陈的特点一览无余。和柳永一样，周邦彦擅长音律，能够自己作曲，这意味着他比其他词人拥有更大的创作空间。

元祐年间是词作交际的高峰，苏轼、黄庭坚、秦观、晏几道各擅胜场，"地僻无钟鼓"的周邦彦未能赶上这波热闹。元祐八年前后，他调知溧水县事，和教授这样的学官不同，知县在宋代地方官序列中重要得多，待遇也要更好。

溧水为江宁府属县，等级高而富庶，周邦彦为政"敬简"，不多事扰民，这就已经很不错了，他在溧水任上颇有佳作，如《满庭芳·夏日溧水无想山作》：

"风老莺雏，雨肥梅子，午阴嘉树清圆。地卑山近，衣润费炉烟。人静乌鸢自乐，小桥外、新绿溅溅。凭栏久，黄芦苦竹，疑泛九江船。　　　　年年，如社燕，飘流瀚海，来寄修椽。且莫思身外，长近尊前。憔悴江南倦客，不堪听急管繁弦。歌筵畔，先安簟枕，容我醉时眠。"

"风老莺雏，雨肥梅子"炼字之精准，显示周邦彦对音律相当娴熟，用语进退自如，前期词人为了协律堆砌辞藻的现象，在周邦彦这里已经不多见了。

他另有一首小令《鹤冲天·溧水长寿乡作》，完全体现出词的文体优势：

> 梅雨霁，
> 暑风和。
> 高柳乱蝉多。
> 小园台榭远池波。
> 鱼戏动新荷。
>
> 薄纱厨，
> 轻羽扇。
> 枕冷簟凉深院。
> 此时情绪此时天。
> 无事小神仙。

　　近体诗为了体现对偶，相对应的字眼，词性必须相同，这就限制了句型、句式的变化。词在这方面灵活多了，这首词上阕的每一小句，均以动词为题眼，下阕全不用动词，节奏自然变缓，呼应了音乐的要求，营造的意境也自不相同。"此时情绪此时天，无事小神仙"一句脍炙人口，更可想见周邦彦在溧水的精神状态。

四

　　元祐八年，宋哲宗亲政，朝堂之上又是一番雷霆大作，在苏轼等人贬官的同时，周邦彦却迎来好运道。他先是由知溧水县晋级国子监主簿，宋哲宗知道他曾经献赋授官，命他在崇政殿当场诵读《汴梁赋》，这一番仪式感十足的表演过后，受先朝特知的前太学生周邦彦又由国子监主簿升秘书省正字，仕途步步走高。

　　等到爱好音乐文辞的宋徽宗即位，周邦彦迎来一生的黄金时期。崇宁四年，宋徽宗开大晟府，这是正式设立的国家级音乐机构，周邦彦参与其中讨论古音，他的音乐专长有了用武之地。

大晟府集中了当世顶尖的音乐资源，在这里，周邦彦可以名正言顺探究艺术，重新审视音乐与歌词的关系，词人中拥有这种机会的着实不多，这也是周邦彦能够集北宋词家之大成的原因之一。

在宋人的故事当中，周邦彦进大晟府是一个意外，据说周邦彦与宋徽宗同时喜欢上了京师有名的歌姬李师师，周邦彦赠给李师师的《兰陵王·柳》一词为宋徽宗所知，因此被选为乐官。

这当然是后人附会的说法，宋代歌姬名"师师"的不少，甚至常用作女性代称，不同年代的词人作品中往往见之，周邦彦与宋徽宗年龄相差二十多岁，即便真有李师师在，君臣两人也断不可能有此瓜葛。

不过《兰陵王·柳》婉转缠绵，确有柔情蜜意在里面：

"柳阴直，烟里丝丝弄碧。隋堤上、曾见几番，拂水飘绵送行色。登临望故国。谁识京华倦客？长亭路，年去岁来，应折柔条过千尺。　　闲寻旧踪迹，又酒趁哀弦，灯照离席。梨花榆火催寒食。愁一箭风快，半篙波暖，回头迢递便数驿，望人在天北。凄恻，恨堆积！渐别浦萦回，津堠岑寂，斜阳冉冉春无极。念月榭携手，露桥闻笛。沉思前事，似梦里，泪暗滴。"

这一词牌原以秦观所作《兰陵王·雨初歇》为正体，但周邦彦新作一出，风头盖过了秦词，而且周邦彦稍稍作了改动，使歌词更为协韵，后来人们反而以周词作为正宗。《兰陵王·柳》至南宋初年仍然传唱一时，被宋人称为"渭城三叠"，与唐代王维的《渭城曲》地位相仿。

周邦彦对词的整合之功，远不止这么一点，他考订音韵，厘定词中平仄，以格律来约束词作，使之谨严有序、合乎韵律，这一举动不亚于杜甫守格律诗门户之功。王国维称周邦彦"词中老杜"，正是基于他对格律词的作用而言的。

从少年时游历各地，到中年入职大晟府，周邦彦创作时间长达数十年，他博览诗书，才气完备，又精擅音律，还能自度新曲，对于词家们各自存在的疏漏，周邦彦都能够——订正补齐。

与柳永相比，周邦彦没有"词语尘下"之弊；与张先相比，他的用语更加周密；与欧阳修、苏轼相比，周邦彦的音律更为考究，他不像晏殊、晏几道父子那样专一写小令，而是篇幅短长，各得其宜。凡此种种，都是周邦彦作为后来者的优势所在。

五

宋徽宗在位期间，任用蔡京为相，清除所谓元祐、元符党人，苏轼死于路途中，秦观、黄庭坚等贬死岭南，其他遭禁锢者不在少数，就连尚未成名的李清照，也因父亲李格非名列党籍，不得已和丈夫分离，远徙青州。周邦彦和元祐、元符大臣均无瓜葛，远离新旧党争，加上有先帝赏识的光环，简直步步生金。

周邦彦本来就热衷仕进，履历又特别，没有北宋士大夫惯常的骨气与傲气，难免有攀附权贵之举。短短十多年间，他先后由秘书省正字、校书郎升至尚书考功员外郎，再升宗正少卿，兼议礼局检讨，参与制定朝廷礼仪制度。

这种兴文教、颂太平的工作，既能发挥周邦彦的特长，又容易出效果，是别人求也求不来的好差事。

政和元年（1111年），周邦彦以"奉直大夫、宗正少卿、直龙图阁知河中府"，这一组头衔中，奉直大夫是寄禄官，表示品阶为正六品；宗正少卿为正式官衔，从五品；直龙图阁是带职。知河中府则是差遣，也就是具体职务。

据说宋徽宗没有让周邦彦前往河中府，而是将他留下来修礼书，不过从这串糖葫芦似的官衔可以看出来，周邦彦已经跻身中高级官员。北宋后期的词人要么卷入元祐党籍，要么寂寂无闻，逆风上扬者，仅周邦彦一人而已。

宦游既久，周邦彦的词作褪去了早年的轻快明丽，转向凝练沉滞，一如中年人鬓染灰霜之色，他所作《夜飞鹊·河桥送人处》中，尽是行色匆匆和惜别依依之意，韵味悠长：

河桥送人处，
良夜何其？
斜月远堕余辉。
铜盘烛泪已流尽，
霏霏凉露沾衣。
相将散离会，
探风前津鼓，
树杪参旗。
花骢会意，
纵扬鞭、
亦自行迟。

迢递路回清野，
人语渐无闻，
空带愁归。
何意重经前地，
遗钿不见，
斜径都迷。
兔葵燕麦，
向斜阳、
影与人齐。
但徘徊班草，
歌歇酒醒，
极望天西。

蔡京之子蔡攸一度提举大晟府，周邦彦因此和蔡京搭上了线。蔡京七十岁生日时，周邦彦写诗奉承道"化行禹贡山川内，人在周公礼乐中"，将其比作周公，蔡京大为欣赏，如此运作下来，周邦彦自然是官运亨通。

五十岁前后，周邦彦升任秘书监、徽猷阁待制，提举大晟府。北宋后期，秘书省等衙门各司其职，因此秘书监是实实在在的正四品主官，另外馆职由"直龙图阁"升为待制，且执掌大晟府这个宋徽宗亲手组建的衙门，足见周邦彦此时集恩宠于一身。

遗憾的是，宋徽宗和蔡京们费心费力打造出来的礼乐，掩盖不了王朝末尾常有的荒诞与混乱。就在几年后，周邦彦返回家乡杭州省亲期间，方腊在睦州揭竿而起，东南震动。从睦州沿水路下到杭州，不过是一两天的事情，周邦彦不得不拖家带口躲避战祸，他在《西平乐·稚柳苏晴》一词中写道：

稚柳苏晴，
故溪歇雨，
川迥未觉春赊。
驼褐寒侵，
正怜初日，
轻阴抵死须遮。
叹事与孤鸿尽去，
身与塘蒲共晚，
争知向此，
征途迢递，
伫立尘沙。
念朱颜翠发，
曾到处，
故地使人嗟。

道连三楚，
天低四野，
乔木依前，
临路敧斜。
重慕想、东陵晦迹，
彭泽归来，
左右琴书自乐，
松菊相依，
何况风流鬓未华。
多谢故人，
亲驰郑驿，
时倒融尊，
劝此淹留，
共过芳时，
翻令倦客思家。

这已经接近末世之音了。

就在这不久之后，周邦彦病逝于赴官途中，赠官正三品宣奉大夫。他未及赶上倏忽而至的靖康之乱，不能不说是一种幸运。

两宋赓续之际，大批中原人士南渡，人们对故都的记忆中，有一部分就来自周邦彦的词。随着岁月变迁，很多人甚至忘记了周邦彦是谁，可他的词曲仍旧留存于世间，成为北宋最后的歌声。

只可惜
无限江山

赵佶

> 北宋一代，
> 词从后主李煜为引子，
> 在文艺气息浓厚的宋徽宗这里结束，
> 最可惜一片江山。

一

赵佶什么都会一点，音乐、书法、丹青、蹴鞠，文采风流，一如南唐后主李煜。

这是时势使然。作为宋神宗之子、宋哲宗的亲弟弟，赵佶身份尊贵至极，自幼养尊处优，想学点文艺，那是再容易不过的事情。

赵佶对政事毫无经验，也是时势使然。世人皆知北宋重文轻武，殊不知当时还有另外一个规则，那就是对王室成员防范极严，亲王们地位尊贵，俸禄优厚，唯独不被允许参与政事，以杜绝他们培植私人势力。

换句话说，赵佶原本只需要懂些诗词歌赋、琴棋书画，足以优游岁月，享受泼天富贵，这样一位锦绣人儿，蓦然被推上历史前台，实属偶然。

1100年正月，二十多岁的宋哲宗病逝，这位年轻固执的皇帝没有子嗣，而且一再对外隐瞒病情，甚至病重到吐血时，大臣们仍然一无所知。

国不可一日无君，挑选新君主时，皇太后向氏与宰相章惇产生了分歧。章惇建议由哲宗同母弟弟简王继承皇位，可向氏另有私心，她是神宗嫡妻，这些年来凭嫡母身份，稳稳压住哲宗生母朱氏，假如再立简王为帝，那朱氏必定会升为太后。向氏坚持要立端王赵佶为帝，原因是端王生母已死，无论如何也威胁不到她。

皇太后干政是北宋的传统，尽管章惇很直白地指出"端王轻佻，不足以君天下"，赵佶还是很快被召入宫即位，向太后"权同处分军国事"，垂帘听政。

北宋最后的二十多年，就是从这里开始的。

二

赵佶即位之初，朝堂上的大臣以章惇、曾布、蔡卞为首，章惇和曾布是神宗时期老臣，蔡卞则是王安石女婿，在他们一手策划下，曾经反对新法的大臣或死或贬，苏轼、苏辙等人惨兮兮的状态，就和章惇脱不了干系。

如今哲宗已死，人们期待新皇帝能够平衡一下两派争端。赵佶即位的第二年，改元建中靖国，短暂放松了对元祐旧臣的迫害，苏轼、苏辙、黄庭坚等人得以从贬所内移。

不过好局面比昙花一现还要短暂，随着向太后病逝，赵佶开始了一连串令人眼花缭乱的人事操作，他扶持曾布驱走章惇、蔡卞，接着又挤走曾布，最终选择了资历老、才华足、性格圆滑的蔡京为相。

二十岁的赵佶召见五十出头的宰相蔡京时，出现了很有画面感的一幕，赵佶问道：

"神宗创法立制，先帝继之，两遭变更，国是未定。朕欲上述父兄之志，卿何以教之？"

这番话，与神宗初次召见王安石的语调如出一辙。不过蔡京既没有王安石那样的才气，也没有王安石那样的骨气，他仅仅是"顿首谢，愿尽死"。

君臣二人接下来的操作既令人意外，又全在北宋历史的轨辙之内。作为神宗的儿子，赵佶理所当然要继承父亲遗志，"建中靖国"维持了仅仅一年，他再改年号为崇宁，也就是"推崇熙宁"之意。

如此一来，曾经反对新法的元祐臣僚势必在匡清之列。经赵佶首肯，蔡京炮制了一份所谓元祐、元符"奸党"

的名单，开始了新一轮的贬黜。这份名单屡经增补，共计三百零九人之多，至于名单内容，跟新旧两派之争已经关系不大，除了司马光、范纯仁等元祐大臣之外，颇受神宗敬重的宰相文彦博、韩维照样上榜，推行新法最力的章惇、曾布也一个不落。

其中自然夹杂了不少"私货"，章惇是因为反对立赵佶为帝而遭贬黜；先后侍奉过四代君主的内侍张茂则，大概在安葬赵佶生母时礼数不够，也被放在奸党之列。

名单公布之后，天下震动，司马光、文彦博、吕公著、韩维、范纯仁、苏辙等二十九位宰执大臣，苏轼等近五十位高官，还有黄庭坚、秦观、张耒、晁补之等中低级官员一一入籍，算上他们的家族、姻亲、师生等社会关系，牵连者众，几乎将熙宁以来的高门望族和朝野名士一网打尽。

这份名单的特点在于全然不讲道理，李清照的父亲李格非，以"文章受知于苏轼"而上榜；至于陆游的爷爷陆佃，实际为王安石的门生，向来拥护新法，可同样没能逃脱厄运。

赵佶还下诏，将元祐党籍名单刊石公布，已死者追贬，其余列名的人物及其子弟，不得担任重要职务，甚至不得擅自去京师。直到崇宁五年，因为彗星出现，引起朝野"星变"的惶恐，赵佶才略微有所收敛，诏令让各地损毁石碑，尚在世的官员稍稍复职。

二十出头的赵佶用釜底抽薪的方式，将大宋几十年积攒的元气悉数丢到京城之外，他身边可用的人日渐稀少，在年迈的赵挺之也离世之后，朝堂上就只剩下聪明谄媚的蔡京了。

三

回到熟悉的艺术领域，赵佶的表现要比在朝堂上专业得多。

虽然赵佶将苏轼一系人物悉数列为奸党，文集毁版，他却很欣赏黄庭坚的书法，称赞其书法"如饱道足学之士，坐高车驷马之上，横钳高下，无不如意"。受黄氏影响，赵佶创造了别具一格的瘦金体，这种枯瘦凌厉的书法很有辨识度，加上有皇帝身份映衬，知名度反而比黄庭坚还要高。

利用职务之便，赵佶在崇宁三年开办书学和画学，，著名书法家米芾就曾担任书学博士。"用太学法补试四方画工"，这在视绘画为技艺的时代，实属创举。赵佶委实将丹青提升到了前所未有的水平，他自己精擅工笔画，尤其以花鸟著称，在他开设的画院里，聚纳有张择端这样的大师级人物，今天人们可以沉浸式体验大宋风姿，倒有相当一部分来自赵佶的贡献。

北宋有修订礼乐的传统，真宗、仁宗、神宗都曾经重修朝廷礼乐，赵佶比他们都要专业，为了重修礼乐，他特意开设大晟府，词人周邦彦正是在此处审定古音。

时至北宋末年，词曲协律的程度大幅提高，小令、慢词各得其所，赵佶作为声律高手，其诗文亦是不凡，他以帝王之尊所作慢词，格调不仅高于柳永，较同时代专业词人也毫不逊色，如《声声慢·宫梅粉淡》：

宫梅粉淡，
岸柳金匀，
皇州乍庆春回。
凤阙端门，
棚山彩建蓬莱。
沉沉洞天向晚，
宝舆还、花满钧台。
轻烟里，
算谁将金莲，
陆地齐开。

触处笙歌鼎沸，
香鞯趁，
雕轮隐隐轻雷，
万家帘幕，
千步锦绣相挨。
银蟾皓月如昼，
共乘欢、争忍归来。
疏钟断，
听行歌、
犹在禁街。

这种冠冕堂皇的小清新感觉，正是赵佶着意营造的意象。他句句写实，可是举重若轻，辞藻华丽，却尽可能以细节照顾感官，从流连忘返的心态到渐行渐远的动态，过渡得毫无痕迹。都说欢愉之辞难工，赵佶以画入词，工笔描摹之间，极尽妍态。

他另有一首写对弈的词，调寄《念奴娇》，同样清新喜人：

雅怀素态，
向闲中、
天与风流标格。
绿锁窗前湘簟展，
终日风清人寂。
玉子声干，
纹楸色净，
星点连还直。
跳丸日月，
算应局上销得。

全似落浦斜晖，
寒鸦游鹜，
乱点沙汀碛。
妙算神机，须信道，
国手都无勍敌。
玳席欢余，
芸堂香暖，
赢取专良夕。
桃源归路，
烂柯应笑凡客。

清丽典雅的赵佶式审美，在形式上接近了北宋词所能达到的完美区间。

四

自元祐以来的数十年时间里，宋朝没有经历大的战事，新法又以解决财政收入为重头，因此国库充盈，蔡京提出了"丰亨豫大"的财政理论，意思是如今国家富饶安乐，积攒钱币多至五千万缗，可以敞开用度。

北宋历代君主，无论实际作为如何，对节俭爱民多少还有点概念，赵佶从小在销金窝里打滚，没有接触过政事，一旦奢侈起来，全然没有顾忌。自划定元祐党人之后，朝中再也没人敢直言进谏，蔡京的新理论出台之后，赵佶大兴土木徭役，天下骚然。

皇帝的乐趣是平民百姓想象不到的，与当年的宋真宗一样，赵佶醉心于象征性的礼乐仪典，同时还崇信道教，他铸九鼎，建明堂，修方泽，立道观，这一系列形象工程的顶峰，就是"艮岳"。

北宋京都开封城本来是漕运中转站，水运便利，但整座城市地势低洼。赵佶取道家风水地理之说，在皇城东北方位修建皇家园林，东北方为艮位，这座凭空而起的人工山丘也称作"艮岳"。赵佶的艺术水准体现在这座园林的每一个细节之中，其中的山石、草木、鸟兽，悉由各地进贡而来，"灵璧太湖诸石，二浙奇竹异花，登莱文石，湖湘文竹，四川佳果异木之属，皆越海度江，凿城郭而至"。

漕运中十艘船只编队为一纲，给赵佶贡送花石的活计称作花石纲，坐镇苏州采办花石纲的大臣叫朱勔，他运送到京师的太湖石中，有一尊高达四丈有余，花费数千人力，沿途"拆水门、桥梁，凿城垣"才完成运输。

江南一带是宋朝的赋税源泉，历来富庶，可也架不住赵佶这般横征暴敛。在柳永和范仲淹曾经任职的睦州，一位叫方腊的地方首领揭竿而起，攻占杭州，东南震动，而方腊用以起兵的号召，正是要诛杀朱勔。

赵佶匆忙派出内侍童贯平定方腊，至于引发东南大乱的朱勔，赵佶要完全依赖这位善于聚敛的大臣，才能过上"水精宫、金锁龙盘，玳瑁帘、玉钩云卷"的精致生活，因此仅仅略施薄惩，之后朱勔仍然官复原职。

直到这时，赵佶仍没有将内忧外患当回事，他绍述神宗遗志，用兵的思路也与神宗完全一致，那就是恢复汉唐故地。宋军深入黄河上游的河、湟之地，还一度平定青唐，势力扩张到青海一带，在这些战事中，童贯脱颖而出，成为负责军事的主要官员。赵佶封宦官童贯为国公，安排其主管枢密院，这在北宋任何一朝都是不可想象的事情。

受边功刺激，收复燕云十六州的梦想在赵佶身上复苏，恰在此时，完颜阿骨打统率后金崛起，将辽国打得步步退让，赵佶和大臣们与金人接触后，产生了与金人会盟攻打辽国，从中分一杯羹的心思。

自 1005 年的澶渊之盟后，宋辽两国一直处于和平状态，尽管北宋君臣鄙称其为北虏，可一来辽国的实力不容小觑，二来辽国确实讲信用，两国之间百年间无边衅，就连拥有壮志雄心的宋神宗和王安石君臣，也从未有过开战的心思。现在赵佶急切想要打破这种平衡，恢复燕云十六州故地，实现祖宗的梦想。

几经周折，赵佶撕破了与辽国的百年盟约，转而与金国结盟，共同伐辽。

1122 年，年过四十的赵佶以童贯为安抚使，蔡京之子蔡攸为副使，开始伐辽之举。赵佶着实高估了己方的实力，二十万宋军直指燕京，在辽朝天祚帝出逃，继任君主已死的情况下，仍然两次败于辽军之手，甚至"自熙丰以来所畜军实尽失"，连老本都蚀了个干净。

直到金军攻破了居庸关，燕京守军主将耶律大石突围而走，宋军都没能把这座城市拿下。宋人徒劳无功，只能硬着头皮和金人谈判，最终以岁贡五十万，另加一百万财物的价格，从金人手中换取了燕京和附近的涿州、蓟州等地。

"兴复全燕"让赵佶的功业达到了人生巅峰，他志得意满地大赦天下，还封首功大臣童贯为郡王。除此之外，他继续横征暴敛，以填补北征辽国的亏空，还焚毁苏、黄文章，继续禁止元祐学术。如此紧张的氛围之下，朝中官员的表现一个比一个荒谬，有人提出，诗歌也是元祐学术，应该禁止，甚至出现了"士庶传习诗赋者杖一百"的科条，要不是赵佶本人也写诗，诗歌都差点被禁绝了。

五

荒谬总是被更大的荒谬所掩盖，赵佶沉浸在恢复燕云的幻想之中，全然忘记了金人是能够打败辽国的存在。一位叫张觉的辽国官员在降金之后复叛，赵佶命人说服张觉归降宋朝，从而获取了张觉统领的平州。此外，赵佶还拒绝了金人要十万石粮食的请求，这些事件很快激化矛盾，让原本就脆弱的宋金关系雪上加霜。

1125 年冬天，金军以平州之事为借口，兵分两路南下攻宋，消息传到汴京，赵佶惊慌失措，紧急传位给皇太子赵桓之后，他偷偷离开京师，一溜烟跑到了镇江。新皇帝赵桓和金人商议，以亲王为质，割三镇之地，增加岁币，宋朝皇帝称金朝皇帝为伯父，在金军大将完颜宗望同意之后，赵佶才自镇江返驾京师。

为了凝聚人心，赵佶在位二十多年间的弊政逐次被废除，朱勔解职，蔡京父子流放，元祐之禁解除，可是一切都来不及了。

金人是赵氏父子视野之外的新生势力，完全跳出宋、辽、夏三国的互动模式，他们可不像辽人那样，能够理解和尊重欧阳修、苏轼这些大宋名士，他们手中只有刀剑，眼中只有土地。1125年秋天，金人发动了第二次攻击，团团围住了开封，这一次，赵佶没能逃脱。

围城之战持续了月余，东京城的居民为了躲避战祸，拥入了艮岳，这座赵佶花费多年心血的皇家园林，在战事中沦为废墟，"花石纲"也永远成了历史。

金人毫不客气地掳走了赵佶和赵桓父子，同时遭掳掠的还有皇室宗亲、文武百官、宫女内侍和工匠平民十余万人，东京城内一百六十多年的丰厚积蓄，自然也全部落入金人之手。

四十多岁的太上皇赵佶，就这样凄然踏上了他寄予过雄心厚望的北境，和当年的亡国之君李煜一样，赵佶只剩下诗书伴身，他在路上还命皇子们联句作诗，让人不得不感叹赵宋皇室的文艺素养深入骨髓。

北行途中经过燕山府，这里是几年前宋军兴复全燕的成功之地，赵佶经行此处，见杏花盛开，有感而作《燕山亭》词：

"裁剪冰绡，打叠数重，淡著胭脂匀注。新样靓妆，艳溢香融，羞杀蕊珠宫女。易得凋零，更多少无情风雨。愁苦。闲院落凄凉，几番春暮。　　凭寄离恨重重，这双燕，何曾会人言语。天遥地远，万水千山，知他故宫何处。怎不思量，除梦里有时曾去。无据。和梦也新来不做。"

相比李煜的亡国之音，赵佶的词意要平淡许多，或许是在金人的暴虐之下，他只敢发出几声哀怨，也只有在此时，才见得这位昏招迭出的君主，并非全无心肝之人。

赵佶被掳走之后，中原的灾难远远没有结束，金人一再南下攻城略地，赵佶的另外一个儿子赵构在归德称帝，后来南渡长江，开启了另外一个时代。

对于这一切，"昏德公"赵佶并非浑然不知，他被拘禁在金朝上京附近的五国城，过着"花城人去今萧索，春梦绕胡沙"的生活，直到1135年悄然去世，庙号徽宗。

元德充美谓之徽，宋徽宗赵佶留给历史的，不是一个美好的背影。好在历史对他足够宽容，不仅记住了他的矛盾荒诞，也记住了他的诗酒才华。

怎敌他
晚来风急

李清照

> 在词的领域，李清照是专业的，
> 她的遭际与时局紧紧捆绑在一起，
> 以致晚景凄凉，所幸在她的词作里，
> 依然有光。

一

李清照冰雪聪明，早年便以《如梦令·昨夜雨疏风骤》名动京师。几近千年，这首词仍然深受人们喜爱，被译成多种语言广为传唱，当然，曲调已非宋时模样。

她还写过《词论》一文，毫不客气将历代词人品评了一遍，多讥嘲而少许可，哪怕是晏殊、欧阳修、苏轼、王安石这些"大家"，在李清照眼里都不会填词，能得她一语称赞的，柳永、晏几道、贺铸、秦观、黄庭坚数人而已。

这篇带着浓郁李氏风格的文字，爽利尖锐，独具慧眼，关键部分只有三百多字，却明白无误指出词与诗歌写法大相径庭，"别是一家"，隐隐开"一代有一代之文学"的先声。

李清照能有此见识，天分之高自不待言，她独创的"易安体"，令素来苛刻的士大夫们都赞誉有加，而她的生平遭际，更是与家国兴衰同步，寻寻觅觅一生，怎敌他晚来风急。

二

李清照生于1084年，她的父亲李格非是熙宁间进士，授官郓州教授，生母则是神宗朝宰相王珪长女，如此家世背景，已经远超一般同龄人。

数年之后，李清照生母去世，李格非续娶仁宗朝状元王拱辰孙女。或许出自对女儿的情感亏欠，李格非的教育方式要开明许多，这种独特的家庭结构，让李清照少了些闺阁女儿的循规蹈矩，多了几分胆识与好强。

李清照少女时代所作的《点绛唇·蹴罢秋千》，表现的就是这种大胆和俏皮的状态，颇为写实：

"蹴罢秋千，起来慵整纤纤手。露浓花瘦，薄汗轻衣透。　　见客入来，袜刬金钗溜。和羞走。倚门回首，却把青梅嗅。"

荡罢秋千，恰逢客人来，羞涩得袜子金钗都跑丢掉，一个顽皮自在的少女形象跃然纸上。

宋代官宦人家，通常将女性教育的重点放在礼法和女红上，粗识文字、略知经史即可，宋神宗的皇后向氏系宰相孙女，识字都有限，更不必说寻常人家了。李清照则完全不一样，她沉浸于经传诗书，诗词能与士大夫一竞短长，曾得苏门四学士之一的晁补之赞赏，又与张耒唱和咏史，她笔力雄健，典故精熟，才情殊为难得。

这样一位好强且聪慧的少女，大概在婚姻上也会争取些自主权，李格非为女儿择得的佳婿，是吏部侍郎赵挺之的儿子赵明诚。1101年，两人在京城完婚，这桩婚事门当户对，夫妻俩又情投意合，"意会心谋，目往神受"，日子过得平和而充实。

李清照曾回忆，赵明诚乐学好古，酷爱金石（也就是商周以来的青铜器与石刻碑碣），当时他尚未入仕，家境也不算宽裕，每从太学放学，就将衣服质押掉，然后取五百文钱，前往东京最热闹繁华的大相国寺，购买些碑文拓本和水果回家，夫妻俩"相对展玩咀嚼"，乐在其中。

这是李清照一生最无忧无虑的日子，也是北宋夕阳斜照下的最后一抹好时光，在她的词作中，竟日芳菲，金尊绮筵，十足令人留恋：

"东城边，南陌上，正日烘池馆，竞走香轮。绮筵散日，谁人可继芳尘。更好明光宫殿，几枝先近日边匀。金尊倒，拼了尽烛，不管黄昏。"

三

这对新婚夫妇没有料到，表面的风光之下，一场席卷朝野的风暴袭来，他们的家人也将深卷其中。

李清照与赵明诚结婚的第二年，刚刚即位的宋徽宗打出"绍述（继承其父神宗的政策）"旗号，改元"崇宁（尊崇熙宁）"，将曾经反对神宗新法的司马光、苏轼、苏辙等一百二十余人列为"元祐奸党"，作为苏轼门人，李格非毫无疑问榜上有名，很快遭遇停职，并被驱逐出京。

与此同时，赵明诚的父亲赵挺之则因赞成新法而步步高升。元祐年间，赵挺之曾和苏轼、黄庭坚有过分歧，并且被苏轼斥责为"聚敛小人"。由于立场原因，赵挺之很自然地加入了打击元祐诸人的行列。短短两年间，赵挺之由吏部侍郎升至尚书左丞，成为当朝副相，在这轮震撼朝堂的风暴之中，他扮演的角色不言自明。

成为赵家儿媳的李清照，陷入了亲情与朝局的割裂境地，她恳请公公赵挺之施以援手，然而在大势面前，"儿女亲家"的名义，如何能左右赵挺之？哪怕李清照痛陈"何况人间父子情"，哪怕李清照讥嘲"炙手可热心可寒"，赵挺之都没能公开替李格非求情担保。

更困难的局面来临了，崇宁三年（1104年）初夏，尚书省"勘会党人子弟，不问有官无官，并令在外居住，不得擅自到阙下"。李清照也许在这期间被迫离开京师，归宁章丘，她写过一首《行香子·草际鸣蛩》，一诉离情别恨：

草际鸣蛩，惊落梧桐。
正人间天上愁浓。
云阶月地，关锁千重。
纵浮槎来，浮槎去，
不相逢。

星桥鹊驾，经年才见，
想离情别恨难穷。
牵牛织女，莫是离中。
甚霎儿晴，霎儿雨，
霎儿风。

崇宁四年（1105年）春天，赵挺之以尚书右仆射兼中书侍郎，与蔡京并相。这时节，赵挺之终于显露出些许士大夫的骨鲠之气，他在宋徽宗面前累陈蔡京奸恶，成为当时唯一能与蔡京制衡的大臣。

次年正月，因为一颗彗星出现在天际，恐惧"星变"的宋徽宗害怕了，他想起赵挺之对蔡京的指控，将蔡短暂罢相，并大赦天下，李格非方才解除"除名勒停"的惩罚，领了个监祠庙的闲差，李清照悬着的心这才放了下来。

值得庆幸的是，家国之变没有过多影响李清照与赵明诚的感情，他们依旧过着"饭蔬衣练，穷遐方绝域，尽天下古文奇字之志"的单纯日子。随着赵挺之登上相位，赵明诚有机会接触到更多罕见古籍秘文，搜罗金石的爱好得以延续，有人曾拿南唐名家徐熙所绘牡丹之图希望换取二十万钱，夫妻俩商量了两天，还是未能筹到钱，"相向惋怅者数日"。

二十万钱也就是两百贯，尚不及宰相一个月的收入，身为相府公子，赵明诚连这笔钱都拿不出来，足见赵挺之非"聚敛小人"，而赵府家教之严，远远超出了同朝为官的蔡京一家。

四

好景不长。大观元年（1107年），赵挺之罢相后病逝，死后才三日，报复心极重的蔡京，以赵挺之结交富人为由，命京东路转运使王勇等"置狱于青州鞠治，俾开封府捕亲戚、使臣之在京师，送制狱穷究"，赵氏子弟陷入牢狱之灾。

或许是得到宋徽宗及时干预，这起无妄之灾最终以查无实据结案，而赵氏一家因此"屏居乡里十年"，完全退出了时局纷争。

乡居期间，李清照夫妇的生活日常仍是购买书籍、搜罗金石："每获一书，即同共勘校，整集签题"，相互考校记忆力："言某事在某书、某卷、第几叶、第几行，以中否角胜负，为饮茶先后"，两人每晚摩挲把玩书画金石，直至红烛燃尽。

家中既没有别的收益，夫妻俩不得不节俭度日，"翠贴莲蓬小，金销藕叶稀"，这段节衣缩食的日子，成为李清照难忘的记忆。他们在青州老家修"归来堂"，将苦心搜集的书籍与金石整理成册，李清照也从陶渊明《归去来兮辞》中撷取"倚南窗以寄傲，审容膝之易安"之意，自号"易安居士"。

此时的李清照"清丽其词，端庄其品"，早已进入稳重成熟的年龄，只有在归宁父母时，才能找回些大胆顽皮的少女心性：

"常记溪亭日暮，沉醉不知归路。兴尽晚回舟，误入藕花深处。争渡，争渡，惊起一滩鸥鹭。"

三十三个字，记录了一个有情绪、有意外、有场景的故事，经过精心编排，词中节奏由缓到快，贴合音乐进度，情节曲折回环，文字典雅易懂，具有很强的互动性。

由此可见，李清照在诗词一途造诣越来越高，她敏锐发现，"诗文分平仄，而歌词分五音，又分五声，又分六律，又分清浊轻重"，词的讲究其实远比诗文要多，因此李清照的词首重音律，乐感极强，在她看来，能不能"歌"，是好词的重要评判标准。这既是词作向音乐的回归，又意味着宋词摆脱诗余的身份，完全自成体系。

正是基于这样的理念，李清照作词注重白描，用语文雅，化用起典故来，丝毫不干扰主线，一切围绕音乐的走向流动，《醉花阴·薄雾浓云愁永昼》就是她这一阶段的佳作：

"薄雾浓云愁永昼，瑞脑消金兽。佳节又重阳，玉枕纱厨，半夜凉初透。　　东篱把酒黄昏后，有暗香盈袖。莫道不消魂，帘卷西风，人比黄花瘦。"

"莫道不消魂，帘卷西风，人比黄花瘦"尤称警策，李清照爱用"透""瘦"这类形象而有穿透力的字眼做韵脚，一改诸人填词绵软无力之风，于清丽中别生高亢，也成就了独特的"易安体"。

五

韶华飞逝，赵明诚的仕途步入正轨，先后知莱州、淄州，离家乡都不太远，李清照跟着往来山东一带，由青年步入中年。夫妻俩依旧"竭其俸入，以事铅椠"，一心打造梦想中的书香世界，殊不知北宋王朝已经进入倒计时阶段，眼前的岁月静好，将在须臾间化为破碎的水月镜花。

赵明诚任职淄州期间，新兴的女真铁骑窥破赵宋王朝的虚弱，乘灭辽之势悍然入侵，在靖康元年冬天攻破东京，俘虏宋徽宗、钦宗父子，享国一百六十多年的北宋轰然崩塌。

兵荒马乱中，赵明诚显然放弃了淄州，他以奔母丧为名，于靖康二年（1127年）三月举家南下。夫妻俩直到临行前才发现，多年积攒的书册卷轴和钟鼎彝器，竟成了保全生命的累赘，他们忍痛割爱，"先去书之重大印本者，又去画之多幅者，又去古器之无款识者，后又去书之监本者，画之平常者，器之重大者"，只选择了至关重要的一部分。

就这样，夫妻二人带着精挑细选的十五车彝鼎书画，取道东海，历淮渡江，勉力抵达江宁，而他们留在青州故宅的书册什物，在随后的兵乱中化为灰烬。

此时，宋徽宗之子康王赵构再立新朝，起复丁忧的赵明诚知江宁府。这年冬天，李清照仍有机会饱览金陵风物，于大雪之中顶笠披蓑，循城觅诗，可第二年春天，金人饮马长江，漫天烽火之中，赵明诚被迫弃城而走，六朝古都就又是一番景象了。

怨不得赵明诚一个人，新立的南宋王朝连脚跟都没站稳，面对金军的追击，赵构从应天府南逃至扬州，又从扬州仓皇逃至杭州，半壁江山就这样落入敌手。舟过乌江之际，李清照慨然写下了《夏日绝句》：

"生当作人杰，死亦为鬼雄。至今思项羽，不肯过江东。"

诗中的豪气抵不过现实的悲怆，对李清照而言，真正的悲剧才刚刚开始。夫妻俩原计划"具舟上芜湖，入姑孰，将卜居赣水上"，可赵明诚毕竟是朝廷命官，船至池阳，赵构起用赵明诚知湖州，他单骑驰往行在所面圣，临行前还特意叮嘱李清照，万一遇上特殊情况，"先弃辎重，次衣被，次书册卷轴，次古器，独所谓宗器者，可自负抱，与身俱存亡"。

就在这一趟行程中，赵明诚染上疫病，李清照"一日夜行三百里"前往照顾，依旧没能挽救赵明诚的生命。建炎三年（1129 年）秋八月，赵明诚病逝于江宁，留下"书二万卷，金石刻二千卷，器皿、茵褥，可待百客，他长物称是"。

兵连祸结之时，如此丰厚的财富，足以令很多人眼红，孤身一人的李清照无力护住家产，她决定将大宗物件送到赵明诚妹夫处寄存，谁知金兵很快攻陷南昌，这批珍贵文物大半散作云烟。

接下来的两年时间里，李清照投奔弟弟李迒，跟随南宋朝廷四处逃亡，辗转台州、温州、越州、衢州，剩余不多的家当，则在一次又一次的逃亡中丧失殆尽。

战乱中，李清照失去家园，失去挚爱，失去家财，失去所有珍爱的物事。一无所有的她，唯有在诗词中一展愁绪，《武陵春》中的春日，完全没有了希望与灵动，只剩下难以承受的空洞的哀愁：

> 风住尘香花已尽，
> 日晚倦梳头。
> 物是人非事事休，
> 欲语泪先流。
>
> 闻说双溪春尚好，
> 也拟泛轻舟。
> 只恐双溪舴艋舟，
> 载不动许多愁。

六

受够流亡之苦，李清照急于寻找一个身心寄托之所，她选择了再婚。在弟弟赞同下，李清照于绍兴二年（1132年）匆匆嫁给右承奉郎、监诸军审计司张汝舟。

宋代并不禁止女性再婚，但士大夫讲求礼法，对女性的道德要求高到了苛刻的程度，李清照冒着受"万世之讥"的风险再嫁，必定对未来有所期许。可她做梦也没想到，第二次婚姻带来的只有伤害和屈辱。张汝舟看中的是李清照的财物，婚后得知她家财散尽，张汝舟态度陡变，甚至开始家暴，到了"遂肆侵凌，日加殴击"的地步。

这段婚姻只持续了一百来天，李清照忍无可忍，决计离婚，但张汝舟不肯答应。得知张汝舟曾经伪造履历、虚报参加科举的次数获取官职，李清照愤然将这桩陈年旧案揭发报官。

正值戎事倥偬，张汝舟职司军中审计，朝廷断难容忍他有这样的劣迹，于是这年九月，张汝舟被免职除名、编管柳州，李清照拼着两败俱伤的结果，终于获得了离婚的权利。

依照当时的律法，女子起诉丈夫，即便情况属实，也会受到"徒二年"的处罚。张汝舟获罪，李清照也跟着下狱。她四处求助亲友，所幸赵明诚的表亲綦崇礼时任翰林学士，位高权重，在綦崇礼等人的帮助下，困居狱中九日的李清照顺利脱罪。

劫后余生，李清照唯一的精神慰藉，只剩下赵明诚心心念念的《金石录》，她从余烬中搜集资料，编成三十卷进献朝廷，并写就《〈金石录〉后序》。我们今天知道的李清照和赵明诚的爱情往事，大半来自这篇凄美的文字。

当年那个兰心蕙质，以一曲"知否，知否，应是绿肥红瘦"赢得天下盛名的才女，如今饱受身世摧残，生活中不再有光亮，她的晚景，是以一曲《声声慢》为终篇的：

"寻寻觅觅，冷冷清清，凄凄惨惨戚戚。乍暖还寒时候，最难将息。三杯两盏淡酒，怎敌他晚来风急？雁过也，正伤心，却是旧时相识。　　满地黄花堆积，憔悴损，如今有谁堪摘？守著窗儿独自，怎生得黑！梧桐更兼细雨，到黄昏、点点滴滴。这次第，怎一个愁字了得！"

好在才华不误人，时光漫卷诗书，记住了李清照，记住了她的词，并且因她而记住了赵明诚，留给世人一个海棠依旧的故事。

赢得
生前身后名

辛弃疾

辛弃疾的豪放，
不只在长短句中，
他生来就是一位豪杰，
无论世人如何评论功过是非。

一

英雄豪杰大多有个不俗的名字，比如霍去病、长孙无忌，当然还有辛弃疾。

辛弃疾是个传奇。论武功，他"壮岁旌旗拥万夫"，于乱军中取叛将首领，千里归国；论文辞，他的《美芹十论》是政论名篇，他还留下六百多首词作，在宋代词人中堪称第一。

当其他人还在纠结婉约豪放，音乐韵律这些细节，辛弃疾已经把词当成日常写作模式，状景咏史写心情，毫无拘束，辛词的爽利，在以朦胧含蓄见长的宋词中是不多见的。

词如其人，辛弃疾个性耿直，与因循守旧的南宋朝廷难免有些格格不入，可他以"归正人"的身份，白衣渡江，而后身任封疆，虽然受时势所困，未能了却君王天下事，却以气节与事功，赢得了生前身后名。

二

1140 年，辛弃疾生于济南一个军官家庭。这时宋金之间的战争已经持续十多年，河北、山东一带沦为金朝统治区域，辛弃疾的祖父辛赞也被迫入仕金朝，曾经做过开封知府一类高官。

辛赞心念故国，时常带儿孙"登高望远，指画山河，思投衅而起，以纾君父所不共戴天之愤"。受祖父影响，辛弃疾在心中打上了"遗民"的印记。其时金宗室完颜亮弑君自立，将国都从上京会宁府迁至燕京。在祖父安排下，辛弃疾两入金都参加科举考试，趁机"谛观形势"，可还没来得及动作，辛赞就过世了。

祖父一死，辛弃疾陷入两难，宋金两国格局已定，他要么追随老师和同学在金朝立足，要么抛弃家业南下归宋，两个选择都不容易。困窘之中，辛弃疾曾与同学党怀英卜筮前程，党得《周易》之"坎"卦，辛得"离"卦，坎卦不赞成冒险，离卦则主征伐有功，因此辛弃疾"决意南归"。

就在辛弃疾苦心图谋之际，机会来了。

1161年，金主完颜亮撕毁宋金盟约，征兵数十万南下攻宋，金军兵分四路，完颜亮亲率其中一路，计划从采石矶渡江，这与当年宋太祖伐南唐的路线如出一辙。只不过完颜亮没有宋太祖那样的好运气，就在他进军途中，后院火起，宗室完颜雍在辽阳称帝。消息传来，完颜亮的军队军心大乱，几路大军依次败北，但完颜亮还不肯放弃渡江，最后在扬州被部下杀死。

完颜亮一死，宋军乘势反攻，北方也出现权力真空，各地义军屯聚蜂起，辛弃疾"鸠众二千"，投奔了义军首领耿京，被耿京委任为掌书记。

一个二十出头的青年，能拉出两千人马，辛氏家族的实力可见一斑，而他本人的军事与政治生涯也正由此发端。

加入耿京队伍之后，辛弃疾展示出锐气果敢的一面。有一位叫义端的僧人，与辛弃疾素有交往，辛弃疾借机说服义端入伙，谁知一天晚上，义端忽然窃取营中大印逃走，耿京大怒，要杀辛弃疾顶罪。危急关头，辛弃疾恳请耿京宽限几天时间，他预计义端会向金人告密，飞马追上义端，取其首级而回，重新赢得了耿京的信任。

第二年年初，辛弃疾受耿京委派，奉表南归宋朝，这趟差使很成功，宋高宗在建康接见了辛弃疾等人，给了耿京一个天平军节度使的头衔，还正式委任辛弃疾为右承务郎、节度使掌书记，右承务郎虽然只是从九品的小官，却直接跳过地方选人阶层，登上京官初阶。

辛弃疾信心满满地北上复命，不料变故陡生。完颜亮既死，称帝的完颜雍短时间便控制住了局面，不仅派人安抚山东，还"招谕盗贼或避贼及避徭役在他所者，并令归业，及时农种，无问罪名轻重，并与原免"。如此一来，义军大举的基础不复存在，叛徒张安国等人趁机杀害耿京，投降金军，义军陷入土崩瓦解的局面。

辛弃疾行至海州，决心诛杀叛徒为耿京报仇，他当即与海州军官王世隆等人，出其不意杀入金军营地，活捉正在饮酒的张安国，并摆脱金军追逐，带着俘虏南下，顺利抵达临安。

宋金之间交锋数十年，朝野畏金人如虎，像王世隆、辛弃疾这样在金营中杀进杀出，还活捉叛将成功返回的，世所罕见，一时间举国轰动，"壮声英慨，儒士为之兴起，圣天子一见三叹"。辛弃疾以功授签书江阴军节度使判官厅事，职位从八品，这一年他才二十三岁。

不管是谁，回忆起功业起点，都会雄心万丈，辛弃疾也不例外，他后来在词中提及此事，仍旧逸兴横飞：

"壮岁旌旗拥万夫，锦襜突骑渡江初。燕兵夜娖银胡䩮，汉箭朝飞金仆姑。"

三

陡然来到江南，辛弃疾花了些时间适应环境，"清愁不断，问何人会解连环"，他将家安在京口，自己则在江阴任职，静候朝廷消息。

就在他归国的第二年，刚刚登基的宋孝宗急于证明自己，派老将张浚匆匆北伐，孰料宋军北进至宿州符离就大败而还，宋廷被迫与金廷议和，至于议和方案，还是多年来的老药方：割地、赔款。

在一片议和声中，辛弃疾给孝宗皇帝上了万言书，他自谦为"野人美芹而献于君"，这就是著名的《美芹十论》。辛弃疾在奏疏中详细分析了金朝的弱点，安慰皇帝不必气馁，建议限制惰兵骄将，最后提出可选择山东为突破口发动反攻。除此之外，他还给宰相虞允文上书，内容同样是谈"恢复"大计，只是角度更加细腻。

这两篇文字或许打动了孝宗和虞允文，可时势的变迁，不是一两篇雄文可以改变的。自符离之败后，宋军数年来积攒的优势荡然无存，加上金帝完颜雍勤政有为，言和是南宋唯一的选择，辛弃疾的一番心血只能付诸流水。

人生不只有军国大事。辛弃疾安定下来之后，在江阴迎娶宗室赵氏之女，嗣后赵氏病亡，他又续娶范邦彦之女为妻。范邦彦在金朝做过县令，曾经开城门迎接宋军，其后投奔宋朝，辛、范两家都属于有功于国的"归正人"，这桩婚事甚得其宜。

因为有功在先，而且能力过人，1168年，辛弃疾擢升建康府通判，他渐渐适应了江南的生活，《青玉案·元夕》，写尽南宋的繁华与富庶：

> 东风夜放花千树。
> 更吹落，星如雨。
> 宝马雕车香满路。
> 凤箫声动，玉壶光转，
> 一夜鱼龙舞。
>
> 蛾儿雪柳黄金缕。
> 笑语盈盈暗香去。
> 众里寻他千百度，——
> 蓦然回首，那人却在，
> 灯火阑珊处。

同样歌元夕，这首词一扫"不见去年人，泪湿春衫袖"的凄婉，在热闹中陡然终篇，余音虽了，顾盼之间，犹见兀厉之气。

在辛弃疾的时代，词普遍为宋金两国士大夫所接受，两朝词人各有千秋，辛弃疾早年的同窗好友党怀英，乃至身死扬州为天下笑的金主完颜亮，都能写一手不俗的好词，足见风气所尚。

辛弃疾自北徂南，融幽燕的慷慨奇气与江南的婉转细腻于一体，恪守音律的同时，以文入词，举凡应酬、赠别、祝寿、唱和，他都能拿出一两首好词来。在辛弃疾这里，词的功能得到大幅度延展，不再是困于深闺，供人闲赏的小众文学了。

应酬必须要说好话，难免俗套，辛弃疾最为人赞赏的，仍是咏史写心之作，任建康通判期间，他所作《水龙吟·登建康赏心亭》，便是其中代表：

"楚天千里清秋，水随天去秋无际。遥岑远目，献愁供恨，玉簪螺髻。落日楼头，断鸿声里，江南游子。把吴钩看了，栏干拍遍，无人会、登临意。　　休说鲈鱼堪脍，尽西风，季鹰归未？求田问舍，怕应羞见，刘郎才气。可惜流年，忧愁风雨，树犹如此！倩何人唤取，红巾翠袖，揾英雄泪！"

上阕援景入心，下阕接连用典，句句轩爽，与"客子光阴诗卷里，杏花消息雨声中"的审美潮流相比，辛词确乎是异军突起，"于剪红刻翠之外，屹然别立一宗"。

四

辛弃疾填词干脆利落，仕途同样干脆利落，三十二岁时，他升任滁州知州，独掌一郡大权，滁州虽是小州，却南临大江，是建康城的屏障。辛弃疾在此抚流民、集商旅，还新建了一座"赏心楼"，以示有他在这里镇守，百姓可以安枕无忧。

身处循规蹈矩的南宋官场，辛弃疾的鲜明个性难免招人嫉恨，不过他长于军旅之事，同时代的陆游、杨万里、朱熹等人，既不具备这样的优势，进阶反而比辛弃疾慢得多。

1175 年，辛弃疾出任江西提刑，成为一路监司官员，他溯赣江而上，前往驻地赣州，行至造口壁时，正值傍晚时分，一时感慨深沉，写下名篇《菩萨蛮·书江西造口壁》：

"郁孤台下清江水，中间多少行人泪。西北望长安，可怜无数山。　　　青山遮不住，毕竟东流去。江晚正愁余，山深闻鹧鸪。"

辛弃疾的愁绪并没有停留在黄昏鹧鸪声中，他到任之后，"专意督捕，日从事于兵车羽檄间"，不久便以雷霆手段诱杀扰乱四省的茶商首领赖文政，履历上又添浓厚一笔。因为这份功劳，辛弃疾授官知江陵府兼荆湖北路安抚使，正式成为封疆大吏。

南宋疆域狭小，拢共划为十五路，辛弃疾属于反正归国的"归正人"，按照惯例，地位在科举出身的进士和军功起家的将帅之下，他能够在三十多岁成为藩帅，统领一路军政，自是宋孝宗另眼相待的结果。

当时荆湖及江西情势复杂，茶农和溪峒百姓不堪剥削，往往揭竿而起，正需要辛弃疾这样的能员镇抚。嗣后两三年间，辛弃疾移抚江西，又以大理少卿出任湖北转运副使，再任湖南安抚使，调动频繁。他虽然也知道"州以趣办财赋为急、吏有残民害物之政"，但职司所在，不得不殚精竭虑平定地方，任职湖南期间，他上疏请求设立"飞虎军"，以步军两千、马军五百为额，受帅臣"节制调度"，得到宋孝宗应允。

两千五百人马，看似不多，一旦加上营房、装备、马匹和辅助人员，经费就以巨万计了，掌管军事的枢密院对此并不赞同，有人弹奏辛弃疾聚敛财物，宋孝宗的决心也跟着动摇起来，降下御前金字牌，遽命辛弃疾停工。

南宋对藩帅掌控极严，宋高宗连降十二道金字牌叫停岳飞北伐，是人所周知的案例。辛弃疾熟稔时事，不可能不知道金字牌的效用，但他的处理方式仍然出乎所有人意料：他暗自将金字牌藏了起来，然后催促手下加快进度建设营寨。眼见期限将至，营房还缺瓦二十万，辛弃疾当即命令，从长沙城每户居民家中取两片瓦，二十万片瓦"不二日皆具"，飞虎军营盘就此完工。

辛弃疾不拘一格的行事方式，在营建飞虎军营盘的过程中体现得淋漓尽致，如果只是偶尔用些非常手段，尚可以通融，然而他违抗旨意、私藏金字牌，如此离经叛道的做法，必然激起朝中的反对声浪，也断难取得宋孝宗的谅解。

尽管飞虎军成立之后"雄镇一方，为江上驻军之冠"，辛弃疾仍然被调离，然后迎来了御史弹奏，称他"奸贪凶暴，帅湖南日，虐害田里"，甚至"用钱如泥沙，杀人如草芥"。

不出意外，辛弃疾落职罢新任，诏书措辞异常严厉，称辛弃疾"逞暴过愆，肆厥贪求，指公财为橐橐；敢于诛艾，视赤子犹草菅。凭陵上司，缔结同类，愤形中外之士，怨积江湖之民"。

意思是他横暴虐民，挥霍公财，不听从上司的意见。然而所有这些指控，分量都不及后面的八个字来得沉重："负予及此，为尔怅然。"

"你辜负我到了这种地步，我为你感到怅然。"这话显然是宋孝宗的口吻。有此定评，辛弃疾稳步上升的仕途戛然而止，此后终孝宗之世，他再无被任用的机会。

五

去职之后，辛弃疾定居三省通衢上饶，开始了十多年的乡居生涯。他在城外带湖筑室百楹，命名"稼轩"，这也是他别号稼轩的来历。

失去职场前程的辛弃疾，有了更多的创作时间，那些脍炙人口的乡居词作，如山间泉水，汩汩不绝流出，比如《西江月·夜行黄沙道中》：

"明月别枝惊鹊，清风半夜鸣蝉。稻花香里说丰年，听取蛙声一片。　　七八个星天外，两三点雨山前。旧时茅店社林边，路转溪桥忽见。"

抑或是《清平乐·村居》：

"茅檐低小，溪上青青草。醉里吴音相媚好，白发谁家翁媪。　　大儿锄豆溪东，中儿正织鸡笼；最喜小儿亡赖，溪头卧剥莲蓬。"

需要说明的是，"茅檐低小"并非辛弃疾家的真实景象，带湖山庄"集山有楼，婆娑有室，信步有亭，涤砚有渚"。加上侍妾众多，辛弃疾流连山水之间，"明画烛，洗金荷，主人起舞客齐歌"，日子过得潇洒自在。一位医者治好了辛弃疾妻子范氏的病，在索取酬劳时，辛弃疾竟然以侍妾相赠，并且作词以记之，可见他个性中确有豪奢的一面。

人届中年，辛弃疾藏匿了几分慷慨之气，心境和文字俱经淘洗，隽永且含蓄，这在《丑奴儿·书博山道中壁》中体现得最为明晰：

"少年不识愁滋味，爱上层楼。爱上层楼，为赋新词强说愁。　　而今识尽愁滋味，欲说还休。欲说还休，却道天凉好个秋。"

壮志难酬,他偶尔也自嘲"却将万字平戎策,换得东家种树书",只有在好友陈亮面前,辛弃疾才豪放依旧,《破阵子·为陈同甫赋壮词以寄》笔意酣畅淋漓,在为陈亮打气的同时,也道尽自己一生遭遇:

> 醉里挑灯看剑,
> 梦回吹角连营。
> 八百里分麾下炙,
> 五十弦翻塞外声,
> 沙场秋点兵。
> 马作的卢飞快,
> 弓如霹雳弦惊。
> 了却君王天下事,
> 赢得生前身后名。
> 可怜白发生!

可怜白发生的,又岂止辛弃疾一人?宋孝宗晚年以降,朝局日益紊乱,陆游、杨万里、朱熹这些有名的人物,与辛弃疾一样,在世事蹉跎中熬白了头,反倒是辛弃疾早年的同窗好友党怀英,在金朝深受赏识,得以久居文坛领袖之位。

时间进入十三世纪,权相韩侂胄筹谋北伐,被遗忘多时的辛弃疾应邀出山。在觐见宋宁宗后,这位白发老帅奉命出知镇江府,回到了四十多年前的安家之所,他在这里留下了人生最后一首壮词《永遇乐·京口北固亭怀古》:

"千古江山,英雄无觅,孙仲谋处。舞榭歌台,风流总被,雨打风吹去。斜阳草树,寻常巷陌,人道寄奴曾住。

想当年，金戈铁马，气吞万里如虎。　　　元嘉草草，封狼居胥，赢得仓皇北顾。四十三年，望中犹记，烽火扬州路。可堪回首，佛狸祠下，一片神鸦社鼓。凭谁问：廉颇老矣，尚能饭否？"

四十三年间，从少年英雄到皤然老者，辛弃疾所历多矣。久经蹉跎，他只能将一番心事付诸诗词之中，写完这首词不久，辛弃疾再次遭到弹劾，他索性挂冠归去。

紧接着，韩侂胄的北伐之举以失败告终，又是一轮割地、赔款，这让辛弃疾彻底失去了对时局的信心，"老去浑身无着处，天教只住山林"。此后几年，无论朝廷授予什么样的高官，他都加以推辞，再也不问世事。

1207年，辛弃疾在铅山瓢泉山庄病逝，死前犹大呼杀贼。这位僻居乡野的老词人不会知道，就在同一时间，北方草原上，成吉思汗已经统一蒙古诸部落，而西夏、金、南宋，都将在往后的半个多世纪中，化为历史的孤帆远影。

这一切，正如他在词中所写的那样：

"千古兴亡多少事？悠悠，不尽长江滚滚流！"

举头是明月，

低头即江湖

最孤独的词人，

写着最热烈的句子

千年已过，

我们依然在他们的词里，

照见自己的影子。

图书在版编目（CIP）数据

热烈的孤独：大宋词人的明月与江湖. -- 长沙 ：湖南人民出版社，2025.7

ISBN 978-7-5561-3703-9

Ⅰ．K825.6

中国国家版本馆CIP数据核字第202451E657号

RELIE DE GUDU : DASONG CIREN DE MINGYUE YU JIANGHU

热烈的孤独：大宋词人的明月与江湖

著　者　周凌峰

出 版 人　张勤繁

统　筹　黎晓慧

责任编辑　田　野　李怡青

责任校对　张命乔

封面设计　许婷怡

特约策划　王思桐

出版发行　湖南人民出版社［http://www.hnppp.com］

地　址　长沙市营盘东路3号

邮　编　410005

电　话　0731-8268331

印　刷　湖南天闻新华印务有限公司

版　次　2025年7月第1版

印　次　2025年7月第1次印刷

开　本　787 mm × 1092 mm　1/32

印　张　9.5

字　数　120千字

书　号　ISBN 978-7-5561-3703-9

定　价　69.80元

营销电话：0731-82221529　（如发现印装质量问题，请与出版社调换）